Jim Montgomery

Leuchthäuser

Wie es hell wird in unserer Stadt

GloryWorld-Medien

2., überarbeitete Auflage 2012

Titel der 1. Auflage: „Lass dein Licht leuchten" (ISBN 978-3-936322-01-9)

Die Originalausgabe erschien unter dem Titel „I'm Gonna Let It Shine" bei William Carey Library, Pasadena, CA, USA

Bibelzitate sind, falls nicht anders gekennzeichnet, der Elberfelder Bibel, Revidierte Fassung von 1985, entnommen.
Weitere Bibelübersetzungen:
Hfa: Hoffnung für alle, Basel und Gießen, 1983
GN: Die Gute Nachricht, Stuttgart, 1982

Das Buch folgt den Regeln der Deutschen Rechtschreibreform. Die Bibelzitate wurden diesen Rechtschreibregeln angepasst.

Übersetzung/Satz: Manfred Mayer
Umschlaggestaltung: Kerstin & Karl Gerd Striepecke, www.vision-c.de
Foto: istockphoto
Druck: ScandinavianBook.de LDE GmbH

Printed in Germany

ISBN: 978-3-936322-66-8

Bestellnummer: 359266

Erhältlich beim Verlag:

GloryWorld-Medien
Postfach 4170
D-76625 Bruchsal
Tel.: 07257-903396
Fax: 07257-903398
info@gloryworld.de
www.gloryworld.de

oder in jeder Buchhandlung

Inhalt

Ihr seid das Licht der Welt;
eine Stadt, die oben auf einem Berg liegt,
kann nicht verborgen sein.
Man zündet auch nicht eine Lampe an
und setzt sie unter den Scheffel,
sondern auf das Lampengestell,
und sie leuchtet allen, die im Hause sind.
So soll euer Licht leuchten vor den Menschen,
damit sie eure guten Werke sehen
und euren Vater, der in den Himmeln ist, verherrlichen.

Matthäus 5,14-16

Für Pastor Ken,

der mir ein lieber Freund wurde
und durch dessen Leben und Dienst
ich den Eifer für Gott mehr schätzen lernte:
die totale Hingabe an die Gemeinde
und ein Herz, gebrochen vor Leidenschaft
für die Verlorenen,
das er mit vielen Pastoren in unserem Land teilt.

Vorbemerkung zur deutschen Ausgabe

Was in den USA mit der *Lighthouse*-Bewegung begann, breitet sich in unterschiedlichen Ausprägungen inzwischen auf der ganzen Welt aus. Immer mehr Einzelne, aber auch ganze Gemeinden entscheiden sich, ihre geografischen Nachbarn wahrzunehmen, für sie zu beten, sich um sie zu kümmern und mit ihnen auf angemessene Weise über das Evangelium zu reden.

Für den einzelnen Christen bedeutet dies, dass er ein konkretes und überschaubares *Missionsfeld* hat. Er kann dort Schritte im Glauben gehen und Erfahrungen sammeln, die ihn nicht überfordern. Trotzdem ist er herausgefordert, sein Christsein vor den Augen der Nachbarn glaubwürdig zu leben.

Für diejenigen, die Christus noch nicht kennen, wird andererseits Kirche und Christsein wieder konkret erfahrbar, wenn sie Menschen kennenlernen und beobachten können, die ihnen das Evangelium vorleben.

Wozu aber diese Vorbemerkung?

Lighthouse ist das englische Wort für Leuchtturm. Direkt übersetzt bedeutet es aber eher *Leuchthaus* oder *Lichthaus*. Im Englischen sind diese beiden Bedeutungen praktisch in einem Wort verschmolzen. Im Deutschen ist es dagegen etwas schwieriger.

Ein Leuchtturm hat zwar die Bedeutung eines Wegweisers, steht aber meist an einer sehr einsamen, erhabenen Position. Die *Lighthouse*-Bewegung steht aber mehr dafür, dass Gott durch seine Kinder mitten in die Welt unter die Menschen kommt, so wie Jesus es auch vorgelebt hat. Das englische Wort *Lighthouse* auch für den deutschen Sprachgebrauch zu übernehmen, fanden wir etwas mühsam, weil schwierig zu deklinieren (die „Lighthouses" etc.).

Aus diesem Grund haben wir uns für die direkte Übersetzung, d.h. den bei uns nur selten gebrauchten Begriff *Leuchthaus* entschieden, der nur ausnahmsweise für Leuchttürme, die eher einem Haus gleichen, benutzt wird. Er drückt für uns am besten aus, um was es geht: dass wir unser Licht leuchten lassen mitten in dieser Welt, mitten unter den Menschen, die Gott nicht kennen; dass wir unser Zuhause zu einem Ort der Wärme und des Lichts machen – nicht erhaben über den anderen, sondern mittendrin. Es soll ein Ort sein, an dem Menschen Zuflucht, Geborgenheit, Heilung und Freisetzung erleben, letztlich also Jesus selbst begegnen können. Leuchthaus soll aber auch dafür stehen, dass das Licht von uns ausgeht, dass wir als Licht der Welt hinausgehen, uns aufmachen zu den Menschen und Gottes Segen, seinen Duft verströmen.

Der andere Grund für diese Vorbemerkung ist, dass dieses Buch sehr stark auf dem Hintergrund der Verhältnisse in den USA entstanden ist. Jim Montgomery hatte beim Schreiben hauptsächlich die amerikanische Situation vor Augen und auf dem Herzen. Das hat seine Gründe. Zum einen ist es in den USA wahrscheinlich noch ein größeres Problem als bei uns, dass viele Christen den Kontakt zur Welt, zu ihren Nachbarn verloren haben und von der Gesellschaft isoliert sind. Zum anderen hat dort die Bewegung schon stark Fuß gefasst, braucht aber wohl noch manche Korrekturen und Hilfen.

Wo es möglich war, haben wir den Text so angepasst, dass er auch für die deutschsprachigen Verhältnisse Sinn macht. An einigen Stellen scheint trotzdem noch stark die amerikanische Situation durch. Letztlich geht es aber darum, die allgemeingültigen und übertragbaren Prinzipien zu erkennen. Diese darzulegen, ist Jim Montgomery sicherlich überzeugend gelungen.

Ich wünsche Ihnen Gottes Segen und viele inspirierende Erlebnisse beim Lesen.

Manfred Mayer
GloryWorld-Medien

EINFÜHRUNG

In den letzten etwa drei Jahren war in den fünfzehn Haushalten, die unsere unmittelbare Nachbarschaft ausmachen, eine ganze Menge los: Mehrere Male musste die Polizei oder die Feuerwehr gerufen werden. Gefängnisstrafen wurden abgesessen und uneheliche Kinder wurden geboren. Nach zehn Jahren des Hoffens bekam ein Ehepaar endlich sein erstes Kind. In einer Familie starb ein Kind, in einer anderen die Mutter. Der Vater eines zwölfjährigen Jungen verbrachte sechs Monate beim Militär in Korea. Zwei junge Leute bestanden ihr Abitur. Eine Ehe brach auseinander, eine andere ist gefährdet. Die Verlobung eines Mädchens platzte. Eine Familie zog aus und eine andere zog ein.

Würde ich jetzt noch in die Details gehen und all die Krankheiten, Probleme und traumatischen Ereignisse, dazu die erfreulichen und erfolgreichen Erlebnisse der Leute in unserer Umgebung aufzählen, so würde sich diese Liste noch um ein ganzes Stück verlängern.

Vor vier Jahren war mir noch kaum eine dieser Situationen unserer Nachbarn bekannt und ich hatte auch keine Zeit, für sie zu beten oder ihnen in wichtigen Lebensumständen zu helfen. Ich fuhr Tag für Tag an diesen Häusern vorbei, ohne mir wirklich bewusst zu sein, dass die meisten meiner Landsleute „ein Leben der stillen Verzweiflung" führen, wie es ein Kommentator ausdrückte. Ich hatte keine Ahnung von den Kämpfen und Siegen, die im Leben vieler Menschen gang und gäbe sind.

Etwa vierzig Jahre lang bestand mein Dienst im Rahmen der Organisation DAWN, die zum Ziel hat, dass ganze Nationen zu Jüngern werden, hauptsächlich darin, Nationen, Denominationen und Städten zu dienen. Heute dagegen finde ich mich auf der Ebene meiner kleinen örtlichen Gemeinde und der fünfzehn

Haushalte in meiner unmittelbaren Nachbarschaft wieder und versuche hier die Methode von DAWN anzuwenden.

Der Versuch, den Kerngedanken von DAWN mitten in einer kleinen Gruppe von Leuten umzusetzen, also mitzuerleben, wie Jesus Christus sich hier „inkarniert", ist für mich eine faszinierende Erfahrung. „Christus inkarnieren" bezieht sich darauf, bewusst Beziehungen zu Menschen zu knüpfen und die Botschaft in Wort und Tat zu bezeugen, indem wir all seine Liebe, sein Erbarmen, seine Fürsorge und Macht spürbar zum Ausdruck bringen.

Missiologen nennen dies ein „ganzheitliches Evangelium". Es geht darum, die gute Nachricht von Jesus Christus bekannt zu machen und „gute Werke" zu tun. Es geht darum, den Menschen in ihren echten und aktuellen Nöten zu dienen und gleichzeitig die Botschaft vom Retter weiterzusagen.

Dies ist auch das Rückgrat der „Leuchthaus-Bewegung", einer Strategie mit dem Ziel, alle Gläubigen zu mobilisieren, wieder in Kontakt mit ihren Nachbarn zu kommen, für sie zu beten, sich um sie zu kümmern und ihnen schließlich das Evangelium weiterzusagen. Da ich den größten Teil meines Lebens damit verbracht habe, weltweit Strategien für ganze Nationen zu entwickeln, war ich davon begeistert, dass diese Bewegung sich in dieselbe Richtung entwickelte wie unser internationaler Dienst, und das sogar in unserer eigenen Nachbarschaft.

Hochgefühl, Erfüllung ... Verzweiflung!

Noch bevor die Leuchthaus-Bewegung entstand, wurde ich, wenn auch widerwillig, schon dazu gedrängt, echte Beziehungen mit den Menschen in unserem Viertel aufzunehmen. „Warum laden wir unsere Nachbarn anlässlich des Unabhängigkeitstags nicht zum Grillen ein?", fragte mich eines Tages meine Frau Lyn.

„Keine gute Idee, Schatz", seufzte ich, „unsere Nachbarn wären an so was bestimmt nicht interessiert."

Also ließen wir die Idee fallen – zumindest für jenes Jahr. Als wir dann in ein anderes Viertel, ein paar Straßen weiter, umzogen, kam Lyn wieder damit daher. Weil ich davon ausging, dass sie den größten Teil des Einladens und der Essensvorbereitungen übernehmen würde, murmelte ich meine Zustimmung.

Hätte ich schon damals gewusst, was ich heute weiß, dann hätte ich diese Gelegenheit sofort wahrgenommen. Denn das, was wir in den letzten Jahren erlebten, wurde zu einer der aufregendsten, erfüllendsten und – zugegebenermaßen – manchmal nervenaufreibendsten Zeiten unseres Lebens.

Das Folgende erzähle ich nicht, um jemandem Schuldgefühle einzujagen, sondern nur, um das Anliegen dieses Buches zu verdeutlichen. In einer Rede in der „New Life Church" in Colorado Springs erzählte Dr. Clive Calver von „World Relief" die Geschichte von Clementine, einem hübschen afrikanischen Mädchen aus Ruanda. Sie war 23, als Calver sie 1990 traf.

> Zur Zeit des Völkermordes in Ruanda war sie 17 Jahre alt. Sie und ihre Familie waren keine Christen, aber sie flüchteten in ein Kirchengebäude, um Schutz zu finden. Die Milizen drangen dort ein und fanden sie. Zwanzig Kerle packten sie und warfen sie in einen Acker, und alle zwanzig, einer nach dem anderen, vergewaltigten sie brutal. Als sie fertig waren, gingen sie zurück zu ihrem Lastwagen, nahmen die Batterie und leerten die Säure auf ihre Geschlechtsteile. Clementine musste eine Totaloperation vornehmen lassen, und drei Monate später entdeckte sie, dass sie HIV-positiv war; sie hatte Aids.
>
> Sie war voller Bitterkeit und Hass, wie Sie sich vorstellen können. Nach vier Jahren traf sie dann einen anderen Mann. Ich weiß nicht, wie er das alles fertigbrachte, was er tat. Er sah Clementine an und sagte: „Du bist voller Hass und Bitterkeit. Das macht dich kaputt. Dir muss vergeben werden." Er erzählte ihr von einem Jesus, der ihr vergeben könne und der ihr die Kraft geben könne, denen zu vergeben, die ihr diese schlimmen Gräuel zugefügt hatten. Er führte Clementine zu Jesus.
>
> Als ich Clementine zwei Jahre später traf, lebte sie in absoluter Armut in einer Hütte. Sie war zu krank, um jeden Tag arbeiten zu können, nur ab und zu konnte sie etwas nähen. Als ich sie anschaute, sah ich, dass ihr Gesicht mit der Liebe Jesu strahlte. Sie erzählte mir, dass sie sich Zeit nahm, zu ihren Nachbarn und anderen in ihrer Umgebung zu gehen, von denen die meisten ebenfalls am Sterben waren, und mit ihnen zu reden.
>
> Sie erzählte ihnen von dem Jesus, den sie gefunden hatte und der ihr vergeben hatte, und davon, dass Jesus ihr die Kraft gegeben hatte, anderen zu vergeben. Clementine starb vor zwei Monaten mit 23 Jahren, aber es ist absolut unglaublich, wie viel Liebe und Leben sie an diesem Ort verbreitet hat.

Ich möchte noch einmal betonen, dass ich damit weder Schockeffekte erzeugen will noch vorschlage, Sie sollten irgendetwas Radikales, Verrücktes tun. Auch ich lebe ein bequemes Mittelklasseleben und kann mir nur schwer vorstellen, wie ich in einer ähnlichen Situation reagieren würde. Ich sehe aber keinen Grund, weshalb ich, mit all meinem Komfort, meine Nachbarn nicht genauso lieben könnte. Weshalb sollte es nicht auch mir möglich sein, meine Umstände zu analysieren und mich zu fragen, wie ich in meiner Welt und in meiner Umgebung mein Licht auf diese Weise leuchten lassen kann?

Was? Ich? In einer Ortsgemeinde?

Vor achtzehn Monaten ereigneten sich in meinem Leben noch weitere interessante Dinge. Als Lyn und ich aus dem Parkplatz der kleinen Gemeinde, die wir besuchten, herausfuhren, drehte ich mich zu ihr um und sagte: „Das klingt jetzt vielleicht komisch, Schatz, aber ich glaube, der Herr will, dass wir uns in dieser Gemeinde engagieren."

Das eigentlich Sonderbare daran war natürlich, dass ein Ehepaar, das 40 Jahre als Missionare gearbeitet hatte, *nicht* regelmäßig in einer lokalen Gemeinde mitarbeitete. In gewisser Weise ging es uns so, wie es wohl vielen Mitarbeitern christlicher Werke geht, dass wir uns nämlich in dieser kleinen Gemeinde „versteckten". Nach vier Jahren kannten wahrscheinlich kaum drei oder vier Leute aus dieser Gemeinde unsere Vornamen. Da aber mein Dienst noch immer erforderte, dass ich ein Viertel meiner Zeit im Ausland verbrachte, und weil wir uns dazu noch um eine alleinerziehende Tochter mit ihren zwei Kindern kümmerten, war unsere Situation nicht gerade geeignet, uns stark zu engagieren.

Es ging aber um noch mehr. Ich wusste nicht so recht, wie und wo ich meine Gaben und meine Erfahrung in einer kleinen örtlichen Gemeinde einbringen konnte. In den vergangenen 45 Jahren hatte ich auf der „oberen Ebene" gearbeitet. Dies begann schon sehr früh in meinem Leben. Als Teenager legte der Herr den brennenden Wunsch in mein Herz, herauszufinden, wie der Missionsbefehl – dieses letzte Gebot unseres Herrn – in unserer Zeit erfüllt werden könnte: „Geht und macht alle Völker zu Jüngern!"

Was er mich dann erleben ließ, übertraf, gelinde gesagt, alles, was ich mir hätte erträumen können.

Aber jetzt hatte der Herr mich und Lyn in eine kleine Gemeinde und eine noch kleinere Nachbarschaft gebracht, „um unser Licht vor den Menschen leuchten zu lassen, damit sie unsere guten Werke sehen und unseren Vater, der in den Himmeln ist, verherrlichen" (vgl. Mt 5,16).

Dass ich weltweit mit den führenden evangelikalen Leitern zusammengearbeitet habe, bedeutet keinesfalls, dass ich die lokale Gemeinde gering geschätzt hätte. Nein, im Gegenteil, ich habe mir bewusst den Slogan zu eigen gemacht: „Die örtliche Gemeinde kann die Welt verändern." Mein Buch „DAWN 2000" (dt. „Eine ganze Nation gewinnen") war nämlich zu einem wichtigen Anstoß geworden, dass die von DAWN initiierten Projekte überall die Multiplikation lokaler Gemeinden betonten.

Nun spürte ich den Ruf, mich in nur einer dieser Gemeinden zu engagieren, einer kleinen, zufriedenen Gemeinde mit etwa 200 Mitgliedern. Wie üblich hätte der Zeitplan Gottes nicht „zufälliger" sein können, denn nur wenige Wochen später erschien Ken Moore, der neue Pastor der Gemeinde, auf der Bildfläche. Im allerersten Satz seiner ersten Predigt sagte er wortwörtlich, die wichtigste Aufgabe der Kirche sei es, den Missionsbefehl zu erfüllen.

Ken und ich fühlten uns sofort tief verbunden, und zusammen mit Steve Faulk, dem Jugendleiter, begannen wir, uns einmal in der Woche zwei Stunden lang zu treffen. Unser einziges Gebets- und Gesprächsanliegen war, herauszufinden, wie eine örtliche Gemeinde optimal in die Umsetzung des Missionsbefehls eingebunden werden kann. Daraus ergaben sich dann zwei Grundsatzpredigten von Ken zum Thema „Liebe deinen Nächsten". Im Laufe des Buches werden wir noch mehr von ihm hören.

Morgendämmerung in Amerika

Ein drittes Aha-Erlebnis hatte ich erst wenige Monate bevor ich dieses Buch schrieb. Ich hatte miterlebt, mit welchem Eifer und wie schnell sich evangelikale Leiter auf der ganzen Welt die Vision von DAWN zu eigen gemacht und sie umzusetzen begonnen hatten. Deshalb war ich darauf aus, dass diese Vision auch in den USA, meinem Heimatland, Fuß fasste.

Und damit zur Leuchthaus-Bewegung von „Mission America", die von meinem früheren Pastor und Freund Paul Cedar geleitet wird. Ich kannte sie und hatte an einigen ihrer Konferenzen und Planungssitzungen teilgenommen. Aber erst als ich erkannte, dass diese Bewegung ja eigentlich die Kernidee von DAWN aufgegriffen hatte und dabei die Kirche und die kulturellen Gegebenheiten in Amerika berücksichtigte, sprang der Funke über.

Das Leuchthaus-Konzept verfolgt mehrere entscheidende Punkte einer Gesamtstrategie, um Nationen zu Jüngern zu machen: Es beinhaltet eine umfassende Vision, da es zum Ziel hat, dass es in jedem Wohnviertel eines Landes ein solches Leuchthaus gibt. Es ist systematisch, da es alle Kirchen und christlichen Werke – den gesamten Leib Christi – in einem gemeinsamen Vorhaben mobilisieren will. Es fördert eine Methodik, die einfach, effektiv und unbegrenzt reproduzierbar ist.

Und es verkörpert das Hauptziel der DAWN-Strategie: **die Gegenwart Christi überall zu vermehren.**

Vor einigen Monaten dämmerte mir plötzlich, dass ich in die gleiche Falle getappt war wie andere, welche die DAWN-Bewegung verworfen hatten. Einige hatten in der DAWN-Idee nichts Weiteres als das Gründen von Gemeinden gesehen, eines von vielen guten Dingen, die Christen tun sollten. Darum geht es auch, aber es geht um noch viel mehr, als einfach ein weiteres Gebäude mit einem Kreuz auf dem Dach oder der Turmspitze zu errichten, in dem sich Gläubige einmal in der Woche treffen, um geistliche Lieder zu singen und einer Predigt zuzuhören.

Jesus – lebendig und mitten in Ihrer Nachbarschaft

In den frühen siebziger Jahren war ich als Missionar auf die Philippinen gegangen. Die Vision, die mir der Herr damals gegeben hatte, um den Missionsbefehl in dieser Nation am einfachsten erfüllen zu können, war, Jesus Christus in jeder kleinen Gruppe von Gläubigen „inkarniert" zu sehen. Damit meine ich, dass eine Gruppe geisterfüllter Gläubiger das Leben Jesu Christi in engem

Kontakt und engen Beziehungen zu allen Menschen eines Dorfes oder eines Wohnviertels auslebte.

Dies war ja in Wirklichkeit die Definition von „Kirche" bzw. „Gemeinde" – oder zumindest, was eine solche sein *sollte.* Und dies entsprach genau dem, auf was die Leuchthaus-Bewegung gestoßen war. Es ging darum, dass Christen im ganzen Land damit anfingen, das Licht des Evangeliums „einzuschalten", indem sie für ihre Nachbarn beteten, sich praktisch und konkret um sie kümmerten und ihnen zu passender Zeit die herrliche Gute Nachricht des Evangeliums mitteilten. *Es ging darum, Jesus Christus in jedem Wohnviertel, in jeder Nachbarschaft zu inkarnieren.*

Damit war mein Leben wieder in der Balance. Der Herr hatte uns zum einen in einen Dienst unter unseren Nachbarn geführt, weil diese den Retter brauchten. Außerdem hatte er uns dazu bewogen, mit unserer örtlichen Gemeinde zusammenzuarbeiten, da ein neuer Pastor gekommen war, der sich mit dieser Vision identifizierte. Und schließlich hatte der Herr die Leuchthaus-Bewegung ins Leben gerufen mit ihrem Ziel, das Leben des Retters in jedem Wohnviertel des Landes zu inkarnieren.

Vielleicht, dachte ich, kann ich ja aufgrund meiner internationalen und lokalen Erfahrung und durch das Schreiben dieses Buches etwas dazu beitragen, diese Bewegung voranzubringen, die so dringend benötigt wird, um den Zerfall unserer Kirche und unserer Nation aufzuhalten. Dieses Buch verfolgt den Gedanken, dass das vielleicht wichtigste Wort für die heutige Kirche die einfache Botschaft Jesu ist: „Ich lasse mein Licht leuchten!"

Wir haben den Kontakt verloren

Sehe ich mir den alarmierenden Zustand sowohl der Kirche als auch der Kultur unseres Landes an, dann komme ich zu dem Schluss, dass Gott die Leuchthaus-Bewegung genau für die heutige Zeit ins Leben gerufen hat. Denn mitten in einer Nation, die von Gott wegtreibt, und mitten unter niedergehenden Kirchen finden wir die widersprüchliche Realität eines geistlichen Hungers.

Man muss uns nicht an den moralischen Niedergang in unserer Nation erinnern, aber ich frage mich, ob wir die Schuld an der richtigen Stelle suchen. Denn seit der Zeit Israels gilt, dass dann, wenn Gottes Leute sich demütigen, beten, sein Angesicht suchen und ihre Sünde bekennen, das Land geheilt werden kann (vgl. 2 Chr 7,14).

Werfen wir einen Blick auf die Kirche im Westen. Viele Kirchen stagnieren entweder oder nehmen ab. Selbst wenn man die anderen Gemeinden betrachtet, die nicht stagnieren oder schrumpfen, wird das Gesamtbild kaum besser. Wir sind zwar dankbar für die Ausbreitung der Megagemeinden, die ein vollständiges Dienstleistungsspektrum anbieten können, und für viele andere, kleinere Gemeinden, die über einige bemerkenswerte Beispiele starken Wachstums berichten, doch müssen wir uns fragen, ob sie nicht auf Kosten der anderen wachsen, ob also nicht einfach eine Umverteilung stattfindet. Erreichen wir wirklich die Verlorenen? Haben wir unseren Eifer und/oder unsere Fähigkeiten verloren, persönlich und als örtliche Gemeinde zu evangelisieren?

Ein glaubwürdiger Beobachter behauptet, dass 95 Prozent aller westlichen Christen in ihrem gesamten Leben keinen einzigen Menschen zu Christus führen. Ein weiterer unterstreicht dies, wenn er schreibt: „In der heutigen Kirche braucht es 100 Erwachsene und ein ganzes Jahr, um 1,7 Menschen mit Christus bekannt zu machen. Die alarmierende Tatsache ist, dass 50 Prozent der evangelikalen Gemeinden noch darunter liegen."

Seine Schlussfolgerung ist: „Die meisten Gemeinden könnten diejenigen, die Christus brauchen, besser erreichen, wenn sie ihren Laden zumachten und eine Person anstellten, die von Haus zu Haus ginge, und seien es auch nur zehn Stunden pro Woche."

Ich habe die Nase voll von Worten

Clive Calver erzählte noch eine andere Geschichte, diesmal aus dem ehemals atheistischen Albanien:

> 1991 bestand die albanische Kirche aus gerade mal fünf Leuten. Als später die Flüchtlinge aus dem Kosovo über die Grenze strömten, gab es schon 8000 evangelikale Christen. Diese Gläubigen versuchten, sich des gesamten Kosovo-Problems anzunehmen. In dem kleinen Flüchtlingslager in Korchey, das wir für sie eingerichtet hatten, gab es eine alte Dame, die jeden Tag die Toiletten säuberte – das war ihr prophetisches Statement.

> Dies waren keine Toiletten, wie wir sie kennen. Es waren Löcher im Boden, die mit dreckigem Papier und menschlichen Exkrementen bedeckt waren – dem Abfall von Hunderten von Kosovo-Moslems im Lager.
> Als sie eines Tages die Toiletten putzte, nahm sie einer der kosovarischen Moslems beiseite und fragte sie: „Wie viel zahlt Ihnen World Relief dafür?"
> „Nichts", sagte sie. „Ich tue das freiwillig; ich tue das aus Liebe zu Jesus."

Calver selbst brachte es auf den Punkt:

> Ich bin ein Engländer, der sich auf den Straßen von Londons Ostend bekehrte. Das ist dort, wo Eliza Doolittle in My Fair Lady singt: „Worte, Worte, Worte, ich habe genug von Worten. Sing mir kein Lied, mach' mir keinen Reim. VERSCHWENDE NICHT MEINE ZEIT! ZEIGE MIR!"
> Die Welt wartet darauf, dass Jesus Christus im Leben seiner Leute sichtbar wird. Die Welt sucht nach Menschen, die Jesus leben, nach einer Gemeinde, die Jesus darstellt, nach einer Kirche, die dort kratzt, wo es sie juckt, und die ihre Welt verändert.

Die radikale Lösung

Die radikale Lösung unseres Schlamassels wird von Aubrey Malphurs vorgeschlagen, wenn er schreibt:

> Die evangelikale Kirche wird nicht überleben, wenn sie nicht außerhalb ihrer „vier Wände" gezielt und bestimmt den verlorenen und gemeindelosen Menschen nachgeht. Sie muss sich eine Invasions- oder Durchdringungs-Mentalität zulegen. Die Tage, da sich die Kirche zurücklehnen und darauf warten konnte, dass verlorene Leute zu ihr kamen, sind längst vorbei.

Genau das ist die Vision der Leuchthaus-Bewegung. Sie fordert alle Christen heraus, für die Menschen in ihrer Umgebung zu beten, sich um sie zu kümmern und ihnen das Evangelium weiterzusagen. Sie ruft dazu auf, in jedem Wohnviertel des Landes Leuchthäuser einzurichten. Und darum geht es auch in diesem Buch: Wie können wir erreichen, dass Jesus in jedem geografischen und beziehungsmäßigen Umfeld „inkarniert" wird? Wie können wir wieder die Liebe, das Erbarmen, die Kraft und die Botschaft unseres auferstandenen Herrn jedem Menschen vor Augen führen?

Es geht in diesem Buch aber gar nicht so sehr um die Leuchthaus-Bewegung als solche. Ich schreibe über Leuchthäuser. Mit diesem Buch möchte ich in erster Linie beschreiben, was ein Leuchthaus auszeichnet und weshalb wir Millionen von ihnen benötigen, damit unser Land mit der Gegenwart des Herrn Jesus Christus erfüllt wird und von jedermann leicht gefunden werden kann.

Das Leuchthaus-Konzept ist eigentlich gar nicht so radikal, wie manche denken. Ja, es ist radikal in dem Sinne, dass ein totaler Paradigmenwechsel nötig ist, „von einer Unmenge an religiösen Aktivitäten, die zur Jahrhundertwende unglaublich viele Programme, Gebäude, Ereignisse und Ressourcen produzierte", wie es ein Autor ausdrückte, hin zu einer „Geh-Mentalität". Nicht so radikal ist es, weil sie eine so einfache Lösung ist, dass praktisch jede Gemeinde und jedes Gemeindemitglied die Änderung mitvollziehen kann und mit der Zeit ihren/seinen Anteil an der Erfüllung des Missionsbefehls in unserer Zeit übernehmen kann.

Es ist an der Zeit, dass wir wieder Kontakt zur Welt bekommen. Es ist noch mehr an der Zeit, dass wir aus unserem evangelikalen Ghetto ausbrechen und Beziehungen zu den unbekehrten Menschen in unserem Umfeld aufbauen. Es ist an der Zeit, dass wir das große Gebot Jesu, den Herrn mit ganzem Herzen, mit ganzem Verstand, mit ganzer Seele und mit ganzer Kraft zu lieben *und* unseren Nächsten wie uns selbst, ernst und wörtlich nehmen.

TEIL 1

Lieben

KAPITEL 1

Hingehen statt einladen

In den USA gibt es eine witzige Fernsehwerbung für einen bestimmten Staubsauger – wir sind uns einig, dass die Werbung oft besser ist als die Sendungen selbst –, die in etwa die Situation widerspiegelt, in der wir stehen. Ein glücklicher und zufriedener Hausmann saugt fröhlich den Wohnzimmerteppich und singt dabei aus voller Kehle zu Musik, die er über Kopfhörer hört. Als er sich dem Ende des Raumes nähert, sehen wir in einer Nahaufnahme, wie sich der Stecker aus der Steckdose löst. „Mamas kleiner Helfer" fährt fort zu singen und Staub zu saugen, obwohl er dem Teppich gar nichts Gutes mehr antut.

Erkennen wir uns darin? Dass die Kirche nicht mehr mit der Kraftquelle verbunden ist, wäre natürlich eine mögliche, richtige Analogie. In Bezug auf unser Thema geht es aber mehr darum, dass wir keinen Kontakt mehr zur Welt haben und uns dessen noch nicht einmal bewusst sind. Wir sind so mit unseren gewohnten Gemeindeaktivitäten beschäftigt, dass wir gar nicht merken, dass uns nur wenige außerhalb unserer vier Wände zuhören. Wir predigen zum Chor, geben einander Zeugnis und erbauen einander, aber wir versäumen es, „denen, die draußen sind" (vgl. 1 Thess 4,12 u. a.), unsere Leben spendende Botschaft zu kommunizieren.

Was läuft da falsch?

Das Gemeindeblatt, das ich in einer vorbildlichen evangelikalen Gemeinde in Südkalifornien mitnahm, deckt die gesamte Problematik auf. Ich nenne sie „vorbildlich", da sie nach unseren geläufigen Vorstellungen sehr erfolgreich zu sein scheint. Jeden Sonntag ist viel los, wenn die Mitglieder die beiden Gottesdienste füllen, die in dem großen Gottesdienstraum gehalten werden. Die Predigt ist exegetisch vorbildlich und die Musik spitze. Natürlich werden auch für alle Altersgruppen Sonntagsschulklassen angeboten; es ist sogar extra eine spanischsprachige Versammlung vorhanden.

In dem Gemeindeblatt werden weiterhin etwa fünfzehn Angebote aufgelistet, die man in den Gemeindegebäuden in Anspruch nehmen kann. Von Karateschulungen über Eheberatung bis hin zu Englischkursen. Natürlich preist die Kirche auch ihre guten biblischen Predigten, ihre hervorragenden Musikgruppen und ihre Angebote für alle Altersgruppen an.

Was soll daran schon schlecht sein? Zuerst, und obwohl diese Gemeinde einen lebendigen Eindruck macht, gehört sie trotzdem zu den 300 000 stagnierenden oder schrumpfenden Gemeinden in Amerika. Das mangelnde Wachstum ist nur ein Symptom, nicht die Krankheit selbst. Eines unserer Probleme ist, dass wir eine total unbiblische „Komm"-Mentalität pflegen: *Ihre Ehe bricht auseinander? –* ***Kommen Sie*** *zu unseren Seelsorge-Sitzungen. Sie lieben Basketball? –* ***Kommen Sie*** *am Donnerstagabend in unsere Sporthalle. Haben Sie geistlichen Hunger? –* ***Kommen Sie*** *zu unseren morgendlichen Gottesdiensten.*

Lassen Sie Ihren Geldbeutel zu Hause

Die Beispiele für die „Komm"-Mentalität sind Legion. In meiner Post fand ich einmal eine bunte Karte mit dem Titel „Stairway to Heaven" (Treppe in den Himmel). Die Sprechblase auf der Vorderseite enthielt die Frage: „Ist es nicht so, dass geistliche Dinge immer wichtiger werden, dass es aber immer weniger echte Antworten gibt?"

Darauf folgt die Antwort: „In der Sunnyhill-Gemeinde haben wir entdeckt, dass die Lehre von Jesus Christus für unser Leben auch heute noch von Bedeutung ist." Alles gut und schön.

Dreht man die Karte um, kann man in dicken Großbuchstaben lesen: „Große Eröffnung", und die nächste Zeile lautet: „Für Menschen wie Sie haben wir gerade 300 neue Sitzplätze hinzugefügt."

Dann werden alle Vorteile der Gemeinde aufgeführt:

- Praxisbezogene Predigten zu wichtigen Themen
- Erbauliche Musik
- Hervorragende Baby-Betreuung
- Spannende Kinderarbeit
- Angebote für Jugendliche, die ein positives soziales Verhalten unter Gleichaltrigen fördern
- Eine liebevolle, überkonfessionelle Kirchengemeinde

Und dann das schlagende Argument: „P.S. Lassen Sie Ihren Geldbeutel zu Hause."

Wer könnte einer solch liebevollen Gemeinde mit all diesen echt positiven Eigenschaften schon widerstehen? Wir denken, das müsste einen doch überzeugen. Aber weshalb bleiben dann die Menschen massenweise unseren vielen Kirchen und Gemeinden fern, die alle solch ein gutes Bild von sich haben?

Jede einzelne Zeile sagt: „Komm!" Und um auch sicherzugehen, dass Sie die Einladung verstehen, wird eine Skizze hinzugefügt, wie Sie zu unseren Gebäuden „kommen" können.

Theologisch gesehen stimmen wir zu, dass Evangelisation wichtig ist. Deshalb laden wir zum Beispiel bei wichtigen Sportereignissen einige christliche Athleten ein, Zeugnis zu geben; wir stellen eine Großbildleinwand auf und schalten sogar Anzeigen, dass am Sonntagnachmittag in unserer Kirche eine Fußball-Party stattfindet. Und das, obwohl klar ist, dass, wenn überhaupt, nur sehr wenige Unerrettete kommen oder zum Herrn finden. Im nächsten Jahr wird es wieder dieselbe traditionelle Fußballparty geben.

Sorgfältig geplante, teure, zeit- und energieverschlingende „Komm"-Spezialveranstaltungen zu Ostern oder Weihnachten bescheren uns Jahr für Jahr dieselben schwachen Resultate.

Billy oder Luis?

Alle paar Jahre bekommen wir dann das mulmige Gefühl, wir sollten doch unsere gebeutelte Stadt evangelisieren. Also tun sich einige Pastoren zusammen, Luis (Palau) oder Billy (Graham) werden eingeladen, Komitees werden eingerichtet, Finanzpläne werden aufgestellt, massive Anzeigenkampagnen werden entworfen, riesige Geldmengen werden gesammelt, Tausende von Seelsorgern werden ausgebildet, Stadien werden gefüllt und Menschen strömen nach vorne.

Und wie so oft landen nur ganz wenige Neubekehrte in unseren Gemeinden. Ein Ältester unserer Gemeinde erzählte mir, um nur ein kleines Beispiel zu nennen, von dem großen Einsatz der Gemeinde bei der letzten stadtweiten Evangelisation; er ärgerte sich aber, dass für das Wachstum der Gemeinde so gut wie nichts dabei herausgekommen war. Untersuchungen zeigen, dass Tausende Gemeinden dieselbe frustrierende Erfahrung machen.

Will ich damit sagen, alle Großveranstaltungen, alle Massenevangelisationen und auch die vielen „Komm"-Programme und „Komm"-Aktivitäten in unseren Gemeinden sollten abgeschafft werden? Sicher nicht.

Treffen Sie den echten *Geizhals!*

Vor ein paar Jahren besuchte ich zusammen mit meiner Frau Lyn ein meisterhaft produziertes Weihnachtsmusical über einen Geizhals, das von einer Gemeinde in Colorado Springs aufgeführt wurde. Es bot sehr gute Unterhaltung, regte zum Lachen an und einige Szenen berührten einen zu Tränen. Darsteller, Kostüme, Musik und Tänze waren hervorragend. Die Aufführung war fast professionell, und selbst die einfache, dezente Einladung am Ende war wirklich passend. Ja, wir genossen es außerordentlich. Aber wozu das Ganze? Das Endspiel im Football hatten wir auch genossen.

In diesem Jahr war es anders. Da wir im Laufe der letzten drei Jahre Beziehungen zu unseren Nachbarn aufgebaut hatten, war es nur natürlich, einige von ihnen zu diesem Weihnachtsmusical einzuladen. Zwölf unserer Nachbarn kamen.

Und wie begeistert sie waren! „Das war der echte Geizhals", sagte einer. „Alle anderen Aufführungen, die ich bisher gesehen habe, hatten nur Darsteller."

„Das war die beste Vorstellung, die ich je gesehen habe", sagte ein anderer. „Nächstes Jahr komme ich wieder und werde noch ein paar weitere Freunde einladen."

Bisher ist mir nicht bekannt, ob am Ende, als die einfache Einladung ausgesprochen wurde, im Gebet Christus aufzunehmen, einer unserer Nachbarn mitbetete. Aber ich weiß, dass es für einige, die man normalerweise nicht in einer Kirche sieht, eine sehr positive Erfahrung war. Darüber hinaus konnten wir mit ihnen täglich oder wöchentlich weiter Kontakt halten.

Alles zu seiner Zeit

Es ist klar, dass nur eine Megakirche ein solches Musical produzieren konnte. Es wurde in der Stadt so populär, dass sie wegen des großen Interesses im folgenden Jahr reservierte Sitzplätze einführen mussten – 14 000 für zwölf Aufführungen.

Das ist einer der Vorteile einer großen Gemeinde. Gemeindemitglieder kleinerer Gemeinden aus der ganzen Stadt können an einigen echten Weltklasse-Gottesdiensten teilnehmen, seien es Evangelisationen oder Musik- bzw. Theater-Aufführungen. Auch mittlere und kleine Gemeinden können die Effektivität ihrer „Komm"-Aktivitäten um den Faktor zehn oder mehr vervielfachen, wenn sie ihre Leute zuerst hinaussenden, um Beziehungen zu ihren Nachbarn zu knüpfen.

Obwohl wir die Aufführung schon zuvor gesehen hatten, genossen wir sie dieses Mal um ein Vielfaches. Der Unterschied war, dass wir alles in der richtigen Reihenfolge getan hatten. Wir hatten die vergangenen drei Jahre damit verbracht, unserer Liebe Ausdruck zu verleihen und Beziehungen aufzubauen, und *erst danach* luden wir diejenigen, die Freunde geworden waren, zu dieser evangelistischen Veranstaltung ein. Dass sie dabei waren und dass ich die Produktion durch ihre Augen und Ohren sehen bzw. hören konnte, machte dies zum besten Weihnachten, an das ich mich erinnern kann.

Ist es den ganzen Einsatz wert?

Es wurde berichtet, dass als Folge der Einladung am Ende der Aufführungen insgesamt 65 Antwortkarten abgegeben worden waren. Manche baten um weitere Informationen, andere berichteten über eine neue Hingabe und es gab auch ein paar Bekehrungen.

Standen diese Ergebnisse noch im Verhältnis zu der riesigen Menge an Zeit, Aufwand und Geld? 65 von 14000? Wenn unsere Aufführungen nur oder zumindest in erster Linie von Christen besucht werden, die ihren Spaß haben und sich gut fühlen, was kommt dann dabei heraus? Ich habe den starken Eindruck, dass erst dann der optimale Wert solcher Projekte erreicht wird, wenn die Christen zuerst gute Kontakte zu ihren – beziehungsmäßigen oder geographischen – Mitmenschen knüpfen und *erst danach* diese Aufführungen veranstalten. Dann werden sie gerne kommen. Wir müssen die Dinge in der richtigen Reihenfolge tun.

In der gleichen Weihnachtszeit luden wir Nachbarn zu zwei anderen Veranstaltungen in zwei kleineren Gemeinden ein. Das eine war eine Samstagabend-Aufführung einer alten weihnachtlichen Radiosendung, die christlich abgewandelt war. Das andere war ein Weihnachtsgottesdienst bei Kerzenlicht. Unsere Gäste beurteilten beide Veranstaltungen positiv. In einem Fall allerdings kam es unseren Freunden etwas verdächtig vor, dass sie die einzigen Besucher zu sein schienen. Alle anderen kannten sich schon. Bestimmt hätte man die Besucherzahl beider Veranstaltungen verdoppeln oder verdreifachen können, hätten die Mitglieder in den Monaten und Jahren zuvor bewusst und zielgerichtet für ihre Nachbarn gebetet und Beziehungen zu ihnen aufgebaut.

Das Pferd von hinten aufzäumen

Was ist zu tun? Zunächst einmal sollten Sie zwei oder drei Jahre damit verbringen, Ihre Leute dazu auszurüsten, in ihrer Nachbarschaft Leuchthäuser aufzubauen. Glauben Sie mir, dass es so lange dauern wird – es geht hier schließlich darum, einen Ozeandampfer zu wenden. Zu den Pastoren, die das lesen, sage ich: Predigen Sie viele Male und auf viele verschiedene Weisen über das große Gebot „Liebe deinen Nächsten". Geben Sie im Gottesdienst, in den

Bibelstunden, in allen Gemeindeaktivitäten die Möglichkeit, dass die Teilnehmer über positive und negative Erfahrungen beim Knüpfen von Kontakten zu ihren Nachbarn berichten können. Beten Sie regelmäßig und spezifisch für Nachbarn, zu denen Mitglieder Ihrer Gemeinde Beziehungen aufbauen, und für die Mitglieder selbst. Setzen Sie sich Ziele für die Anzahl der in einem gewissen Zeitraum einzurichtenden Leuchthäuser. Werben Sie für Ihre Leuchthaus-Bewegung mit dem ganzen Feuer und Eifer Ihres letzten Bauprogramms.

Danach überlegen Sie neu, welche „Komm"-Aktivitäten für all jene, die nun eine enge Beziehung zu einem ihrer Mitglieder haben, am ehesten das Netz einbringen werden.

Hingehen statt einladen! Zumindest muss die „Komm"-Mentalität verschwinden. Die zwanghafte Vorstellung, Evangelisation bestehe daraus, sich alle möglichen Tricks auszudenken, um die Unbekehrten in unsere Gebäude zu locken, muss ein für alle Mal und im ganzen Land ausgerottet werden. Wir müssen unsere Aufmerksamkeit zuerst darauf richten, dem Gebot, unsere Nächsten zu lieben, zu gehorchen, und sie erst dann zu Bekehrung und Jüngerschaft führen.

Wir müssen damit aufhören, das Pferd von hinten aufzuzäumen. Begraben Sie die Vorstellung, spektakuläre Veranstaltungen, die eine Unmenge an Geld, Aufwand, Zeit, Schulung und Werbung verschlingen, könnten das tägliche, systematische und umfassende „Säen" aller Gläubigen in alle unsere Nachbarschaften hinein ersetzen.

Selbst Billy konnte nicht alles tun

Als ich mich in den späten siebziger Jahren einmal mit einem Missionar in Uruguay unterhielt, erfuhr ich, dass die Kirche dort nur wenig Wachstum erlebt hatte. Seinen Untersuchungen zufolge hatte es jedoch zwei Schübe gegeben, beide nach Evangelisationen mit Billy Graham. Das Wachstum kam jedoch nicht durch jene zustande, die bei einer Evangelisationsveranstaltung nach vorne gegangen waren, sondern dadurch, dass Christen mit Nachbarn, Verwandten und Freunden über ihren Glauben gesprochen hatten.

Die Bekanntheit des Dienstes von Billy Graham war für die Menschen, die in regelmäßigem Kontakt zu Christen standen, der Auslöser, ihre Entscheidung für Jesus festzumachen. Sollte es nicht genau so sein, dass Billy Graham eine Ernte einholt, die deshalb reif ist, weil gehorsame Christen monate- oder sogar jahrelang Unkraut gejätet, gepflügt und gegossen haben?

In einem Interview sagte Billy Graham einmal, bei allem, was er versucht habe, habe er versagt. Selbst wenn man seinen damaligen körperlichen, geistigen und emotionalen Zustand berücksichtigt, so hat er meiner Meinung nach sein langes, mächtiges und gesalbtes Wirken doch richtig bewertet. Denn nach meinem Verständnis war es von Anfang an sein Traum, eine weitere Erweckung nach Amerika zu bringen. Nach den fünfzig Jahren seines unglaublichen Dienstes befindet sich Amerika jedoch nicht in einer Erweckungssituation, sondern in einem ständigen moralischen Niedergang.

Das ist nicht Grahams Schuld. Er hat treu, aufopferungsvoll und stetig seine hohe, göttliche Berufung erfüllt. Tatsache ist, dass Graham für die Kirche nicht tun konnte, was Aufgabe der Kirche war. Hätte man die Kirche für Tausende und Millionen von „Leuchthäusern" mobilisiert, hätten viele Millionen Gläubige systematisch für ihre Nachbarn gebetet und Beziehungen zu ihnen geknüpft, dann hätten Grahams Evangelisationen vielleicht die Erweckung entfachen können, nach der er sich sehnte.

Auf keinen Fall will ich so bemerkenswerte Ereignisse wie Grahams Evangelisationen und viele andere, kleine oder große „Komm"-Ereignisse abwerten, die sehr wahrscheinlich von gottesfürchtigen Menschen, die von Gott gehört hatten, in die Wege geleitet wurden. Trotzdem glaube ich, dass man ihre Effektivität zehn-, fünfzig- oder hundertfach hätte verbessern können, wären ihnen Monate und Jahre vorausgegangen, in denen Gläubige gezielt Beziehungen zu ihren Nachbarn aufgebaut hätten. Welch eine unglaubliche Auswirkung hätte es gehabt, wäre im ganzen Land der Aufbau evangelikaler Leuchthäuser in zehn Millionen Nachbarschaften solchen Ereignissen und Kampagnen vorausgegangen!

Liebe deine Nachbarschaft!

Ich fand es faszinierend und mehr als zufällig, dass ich genau zu der Zeit, als sich diese neue Sicht und dieser neue Dienst in meinen Gedanken und meinem Herzen formte, von zwei Pastoren aus unserer Stadt fünf bedeutende Predigten hörte, die mit der neuen Ausrichtung meines Lebens zu tun hatten. Zwei davon waren von Pastor Ken, dem neuen Pastor unserer Gemeinde, und drei waren von einem jungen, gerade eingesetzten Pastor einer anderen Gemeinde.

Diese Predigten waren für mich eine große Bestätigung und ein weiteres Zeichen, dass ich wirklich vom Herrn gehörte hatte. Außerdem wollte ich glauben, dass dies die Botschaft war, die der Herr auf die Herzen und Lippen evangelikaler Geistlicher im ganzen Land legte. Wäre das so, dachte ich, könnten wir in unseren landesweit stagnierenden Kirchen eine ganz neue Erweckungs- und Evangelisationswelle erwarten.

Diese beiden Pastoren hatten sich nie getroffen, aber an denselben Sonntagen predigten sie über dieselben Themen und aus denselben Bibelabschnitten. Beide waren voller Leidenschaft, ihre Mitglieder in ihre jeweilige Nachbarschaft auszusenden, damit sie dort Jesus Christus repräsentierten.

„Ich kann Ihnen sagen, dass ich in meinem Geist selten so bewegt war wie in den vergangenen Tagen", sagte Pastor Ken in seiner ersten Liebe-deinen-Nächsten-Predigt. „Ich weiß nicht, warum, aber ich spüre eine immer größere und tiefere Last und Zerbrochenheit für die Menschen um mich und für das, was Gott tun möchte. Ich kann mich gut mit einer aus dem Radio bekannten Persönlichkeit identifizieren, die vor kurzem einen christlichen Leiter zitierte, der sagte: ‚Wir brauchen keinen neuen Ruf von Gott. Wir brauchen nur einen festen Tritt in den Hintern.' Es geht um mich und um uns. Wir brauchen diesen Tritt in den Hintern und in unsere Herzen, um dem näherzukommen, was wir nach Gottes Willen sein und tun sollen."

Im Zentrum aller fünf Predigten (ich habe mir die Freiheit genommen, nur gewisse Teile zu zitieren, um die Kontinuität zu wahren) stand die Botschaft der Liebe, entsprechend den Worten Jesu in Matthäus 22,35-40:

> *Und es fragte einer von ihnen, ein Gesetzesgelehrter, und versuchte ihn und sprach: „Lehrer, welches ist das größte Gebot in dem Gesetz?" Er aber sprach zu ihm: „Du sollst den Herrn, deinen Gott, lieben mit deinem ganzen Herzen und mit deiner ganzen Seele und mit deinem ganzen Verstand. Dies ist das größte und erste Gebot. Das zweite aber ist ihm gleich: Du sollst deinen Nächsten lieben wie dich selbst."*

Die Bibelstelle ist klar. Jesus sagte: *„Wenn ihr mich liebt, werdet ihr meine Gebote halten"* (Joh 14,15). Eines dieser Gebote ist, unsere Nachbarn zu lieben wie uns selbst.

Einfachheit

In einer dieser denkwürdigen Liebe-deinen-Nächsten-Predigten fragte Pastor Ken seine Gemeinde:

> Ist Ihnen bewusst, dass Gott uns ohne Hintergedanken liebt? Ich glaube noch nicht einmal, dass Gott uns liebt, um uns zu Christen zu machen. Er liebt uns einfach, um uns zu lieben. Ja, er hat den Wunsch, dass wir Christen werden, aber er liebt uns einfach so – wie es Philip Yancey in seinem Buch „What's so Amazing About Grace" (dt: ‚Gnade ist nicht nur ein Wort – Wie Gottes Güte unser Leben auf den Kopf stellt') sagte: „Es gibt nichts, womit wir Gott dazu bringen könnten, uns mehr oder weniger zu lieben. Das Evangelium, die gute Nachricht, ist, dass Gott uns um seiner Liebe willen liebt."
> Das ist die absolut erstaunliche und unglaublich gute Nachricht von Jesus Christus. So oft versuchen wir, sie kompliziert zu machen. Sie ist so absolut einfach, dass wir es in unseren gedanklichen Prozessen und in unseren kirchlichen Systemen unendlich kompliziert machen.

Mit einer etwas geänderten Perspektive fragte Pastor Ken:

> Wissen Sie, was eine gutnachbarliche Beziehung ist? Eine andere Person zu lieben, einfach um sie zu lieben. Noch nicht einmal, um sie zu einem Christen zu machen. Wir haben über Gottes Liebe beinahe eine manipulative Absicht gestülpt! Aber genau das ist es, was die Menschen in unserem Leben leider kaum sehen: dass wir sie einfach nur lieben, um sie zu lieben. Ja, wir wünschen uns, dass unsere Nachbarn und Freunde Christen werden. Aber aus diesem Grund lieben wir sie nicht. Gott wird dieses Werk tun. Deshalb dürfen Sie heute aufatmen. Er möchte, dass wir uns in seiner Liebe entspannen. Es ist

nicht Ihre Aufgabe, aus Ihren Nachbarn Christen zu machen. Lieben Sie sie einfach. Das ist die höchste Berufung Gottes für unser Leben: ihn zu verherrlichen, indem wir eine andere Person einfach um der Liebe willen lieben.

Verlorene sind Gott wichtig

Am selben Sonntag, als er über die teilweise ähnlichen Abschnitte bei Lukas sprach, sagte Pastor Rob zu seiner Gemeinde:

> Ich möchte Ihnen allen sagen, dass Gott sich um Sie genauso kümmert, wie er sich um den blinden Mann und um den reichen Zachäus gekümmert hat. Obwohl Jesus wusste, dass er in wenigen Tagen am Kreuz sterben würde, nahm er sich Zeit für einen elenden Bettler und einen habgierigen Zolleinnehmer.
>
> Genauso möchte ich, dass Sie wissen, dass jede Person in dieser Stadt Gott wichtig ist. Er kümmert sich um die Nachbarn, denen Sie täglich begegnen, und auch um Ihre Kollegen oder Mitschüler. Verlorene Menschen sind Gott wichtig.
>
> Wir könnten leicht sagen: „Wisst ihr, dass wir statistisch gesehen schon eine Mega-Gemeinde sind? Konzentrieren wir uns doch auf das, was wir schon sind. Lasst uns doch einfach unsere Dienste um das herum entwickeln, was wir genießen und was unseren Bedürfnissen entspricht." Aber Tatsache ist, dass in dieser Stadt Hunderttausende noch immer verloren sind. Jeder Einzelne von ihnen ist dem Herzen Gottes wichtig.
>
> Evangelisation ist in vielen Gemeinden sozusagen Teil des Glaubensbekenntnisses, aber sie erhält selten eine Schlüsselstellung oder eine hohe Priorität. Wir können so viele Programme, Tricks und neue Möglichkeiten anzuwenden versuchen, wie wir wollen. Wenn uns aber nicht die Tatsache antreibt, dass verlorene Menschen Gott wichtig sind, werden wir unsere Stadt niemals für Jesus Christus erreichen.

Die gemeinste Person, die ich jemals traf

Meine Frau Lyn lernte mit zwanzig Jahren ihre erste Lektion darin, selbst die schrecklichsten Menschen einfach nur um der Liebe willen zu lieben.

Kurz nachdem ihr Vater gestorben war, musste sie ein Jahr lang von ihrem College pausieren und wohnte in dieser Zeit bei ihrer

Schwester in Denver (Colorado). Dort erhielt sie einen Weihnachtsjob in einem Kaufhaus und musste für „die widerlichste und gemeinste Person, die mir jemals begegnete" arbeiten.

„Nach zwei Tagen in diesem Job", erinnert sich Lyn, „merkte ich, dass ich für Fräulein Alma nicht arbeiten konnte. Sie machte sich einen Spaß daraus, ihr Verkaufspersonal zu kritisieren und fertigzumachen. Besonders genoss sie es, einen vor Kunden in Verlegenheit zu bringen. Nichts, was ich tat, stellte sie zufrieden. Ich war ein Wrack, total fertig. Ich ging nach Hause und weinte mich in den Schlaf. ‚Herr', betete ich nach dem zweiten Tag, ‚ich kann nicht mehr zurückgehen. Kein Job ist das wert, was ich auf mich nehmen muss. Ich kündige. Ich gebe auf. Ich werde nicht mehr dahin zurückgehen und diesen Missbrauch mitmachen.'"

Lyn hörte keine hörbare Stimme, aber es war klar, dass Gott zu ihr sprach. „Morgen wirst du zurückgehen, und du wirst dort bleiben", sagte er. „Und nicht nur das, sondern du wirst Fräulein Alma lieben." „Das ist unmöglich!", schrie Lyn, „Ich kann diese Frau nicht lieben."

Natürlich kannst du es nicht

„Du hast Recht, du kannst sie nicht lieben", sagte der Herr geradeheraus. „Aber ich kann es. Ich liebe sie nämlich schon. Ich bin für sie gestorben."

Lyn kehrte zurück. „Zuerst dachte ich, es sei unmöglich, aber das stimmte nicht", sagte sie. „Jetzt sah ich Fräulein Alma nämlich in einem ganz anderen Licht. Ich sah sie als eine, die den Herrn brauchte. Ich lernte mit der Zeit, was es heißt, eine Situation Jesus zu übergeben und ihm dann die Gelegenheit zu geben, durch mich zu wirken. Die Frau war immer noch genauso widerlich, aber ich war verändert. Wenn sie mich jetzt korrigierte, lächelte ich und dankte ihr dafür, dass sie mich zurechtbrachte. Ich versuchte nie, mein Verhalten zu entschuldigen."

Lyn sagte, sie habe nie eine richtige Gelegenheit gehabt, Fräulein Alma in vielen Worten Zeugnis zu geben, aber ihre Haltung habe die Tür zu einigen anderen Angestellten geöffnet. Sie hassten Fräulein Almas Unverschämtheit. Wenn sie sie zur Schnecke machen wollte, gerieten sie aus der Fassung und schrien sie sie an. Einige kündigten.

Sie konnten einfach nicht verstehen, wie Lyn den ganzen Unsinn auf sich nehmen konnte. Als sie fragten, wie sie es schaffte, Fräulein Alma zu lieben, hatte sie die Gelegenheit, jeder von ihnen Zeugnis zu geben.

Ich habe ein Geschenk für dich

„Als ich dem Herrn die Möglichkeit gab, sie durch mich zu lieben", erzählt Lyn, „änderte sich Fräulein Almas gesamte Haltung mir gegenüber. Ich sollte eigentlich nur bis Weihnachten arbeiten und anschließend zum College zurückgehen. Bevor ich ging, kam sie mit einem Geschenk in der Hand zu mir. ‚Wir haben eine Weihnachtsfeier und Aushilfskräfte wie Sie sind nicht eingeladen', sagte sie. ‚Ich möchte mich entschuldigen, dass ich Sie nicht einladen kann. Aber ich habe dieses Geschenk für Sie, und ich würde es sehr schätzen, wenn Sie nach Weihnachten zurückkommen und weitere zwei Wochen für mich arbeiten würden. Ich weiß, Sie würden gerne zurückgehen und Ihr Studium abschließen. Das finde ich in Ordnung. Es ist eine wichtige Sache. Ich habe nur den Hauptschulabschluss gemacht.' Sie erzählte mir, dass sie sich bis zur Leiterin der Kosmetikabteilung dieses großen Kaufhauses hochgearbeitet hatte. Sie war eine schreckliche Person, aber sie war ein Mensch, und ich entdeckte da eine weichere Seite an ihr.

Und dann erstaunte sie mich. ‚Wenn es Ihnen recht ist, hätte ich gerne, dass Sie für mich arbeiten. Denken Sie darüber nach, Vollzeit zu arbeiten, und ich werde Ihnen Ihre eigene Kosmetiksparte geben.' Ich war wirklich schockiert. Die Freundlichkeit und Menschlichkeit, die ich in ihr sah, erstaunten nicht nur mich, sondern auch alle anderen Angestellten, die dieses Gespräch mitgehört hatten.

Aus eigener Kraft hätte ich das nicht auf mich nehmen können. Selbst der Junge, der den Aufzug bediente und gerade hereingekommen war, verwunderte sich, und ich konnte auch ihm Zeugnis geben. Es war sagenhaft. Aber so etwas kann tatsächlich passieren, wenn Gott der Chef ist und er durch uns die Leute liebt."

Lieben Sie die Leute einfach um des Liebens willen, da Jesus uns das geboten hat. Denn er liebt sie und ist für sie gestorben. Lieben Sie Ihren Nächsten – beziehungsmäßig oder geografisch gesehen – wie sich selbst.

Werde ich es wagen?

Pastor Rob sagte zu seiner Gemeinde:

> Wissen Sie was? Wir sind ziemlich in uns selbst verliebt. Wir möchten vor Situationen und Umständen bewahrt bleiben, die uns an unsere Grenzen bringen. Wir möchten nicht, dass unsere Gefühle verletzt werden. Am liebsten würden wir einen Graben und eine dicke Mauer um unser Leben herum bauen, damit uns niemand verletzen kann.
>
> Es gibt dabei nur ein Problem. In dem Moment, in dem wir mit Menschen Beziehungen eingehen, öffnen wir automatisch unser Herz für Verletzungen. Wir werden verletzlich. In der Ehe und in Freundschaften ist das Risiko dafür schon hoch genug, aber jetzt sollen wir auch noch Beziehungen zu unseren heidnischen Nachbarn knüpfen!
>
> Wenn wir allerdings nicht verstehen, was Gott für uns getan hat, werden wir uns niemals dafür öffnen, von anderen Menschen abgelehnt zu werden. Wenn unsere Evangelisationsstrategie nicht direkt an unsere Beziehung zu Gott sowie an die Tatsache, dass er für uns alles riskierte, geknüpft ist, werden wir uns nie anderen zuwenden. Jesus öffnete sein Herz für unglaubliche Schmerzen und unglaubliches Leiden. Ich spreche jetzt nicht über die Nägel in seinen Händen. Ich spreche über den Schmerz in seinem Herzen. Sie haben ihn abgelehnt.
>
> Unser Auftrag als Christen, als Gemeinde vor Ort und als die Kirche Jesu Christi in der Welt ist auf das große Gebot gegründet: *Liebe den Herrn, deinen Gott, aus ganzem Herzen und aus ganzem Verständnis und aus ganzer Seele und aus ganzer Kraft. Liebe deinen Nächsten wie dich selbst.* Darum geht's.

Lieben Sie sie trotzdem!

Ich gebe zu, dass ich in einer Sackgasse in einer Mittelklassegegend von Colorado Springs wohne, einer eher konservativen Stadt mit einer großen militärischen Präsenz und vielen christlichen Organisationen. Allerdings gibt es auch bei uns immer mehr Aufkleber, die kundtun: „Kümmere dich, verdammt noch mal, um deine eigene Familie!“, oder: „Feiere die Vielfalt!“ Oder sie stellen das christliche Fischsymbol mit unten herauswachsenden Beinen und dem Wort „DARWIN“ in der Mitte dar. Mit Schießereien unter Banden, Morden, Raubüberfällen usw. sind wir bestimmt keine problemlose Stadt, die kein bewusstes christliches Zeugnis nötig hätte.

Es geht aber nicht darum, in dieser Stadt so viele Kontakte wie möglich mit seinen Nachbarn zu knüpfen, sondern ob man das tut, was richtig und strategisch am wichtigsten ist. Mein Vetter Bob Montgomery verbrachte zum Beispiel zehn Jahre damit, in Pakistan in den Bussen mitzufahren und christliche Literatur an Moslems zu verkaufen, ohne dass sich einer bekehrt hätte. Ich glaube aber, dass seine Belohnung nicht geringer ausfallen wird als die der Leute, die Tausende ins Reich Gottes bringen.

Die Nachbarn zu lieben – ob sie in einem Studentenwohnheim, einem Wohnblock, einem überwachten Wohnviertel, einer ländlichen Gegend oder gar in einer offenen Straße – im Gegensatz zu der Sackgasse, in der wir wohnen –, leben, kann viel schwieriger sein als die Erfahrung, die ich gemacht habe. Das ist aber noch lange keine Ausrede dafür, nicht gehorchen zu wollen.

Der Missionsbefehl sagt, dass wir „gehen“ sollen. Jesus kam, um die Verlorenen zu *suchen.* Selbst wenn 99 Prozent unseres Ortes Christen wären, wären wir herausgefordert, alles beiseitezulegen und das eine Prozent hereinzubringen. Unsere „Komm“-Perspektive ist unbiblisch, ungehorsam und fruchtlos. Die Kirche ist *die* Institution, die in erster Linie für diejenigen da ist, die noch nicht zu ihr gehören. Pastor Ken sagt, er habe 26 Jahre im Dienst verbracht und dabei hauptsächlich in der Gemeinde nach Sündern gesucht. „Aber die meisten von ihnen sind dort nicht zu finden“, sagt er. Wir müssen zu denen *gehen,* die „draußen“ sind.

„Die meisten Nichtchristen mögen uns nicht – leider aus gutem Grund“, sagt Pastor Ken. „Eine vor kurzem durchgeführte Gallup-Umfrage fand heraus, dass in den USA zwar 90 Prozent der Leute eine positive Einstellung zu Jesus haben, aber nur 40 Prozent zu den Christen. Nicht Jesus ist das Problem, sondern wir. Wenn wir davon sprechen, die Sünde zu hassen, aber den Sünder zu lieben, dann sollten wir es auch anpacken. Wir waren viel besser darin, die Sünde zu hassen, als den Sünder zu lieben. Aber wenn wir damit anfangen, sie zu lieben, wird eine ganz neue Dynamik entstehen. Menschen werden sich uns öffnen."

Dann werden wir halt verfolgt

In den USA gibt es sehr aktive Gruppen, die sich auf ihre Fahnen geschrieben haben, dagegen anzugehen, dass an Schulen nicht gebetet werden darf, dass Gott aus dem politischen Leben verbannt wird, dass in öffentlichen Gebäuden keine Gottesdienste abgehalten werden dürfen usw. Sie haben ein echtes Problem erkannt, und ich finde es gut, dass sie für das Recht und die amerikanische Verfassung eintreten. Was sie tun, ist ein Versuch, für die einzige Minderheit (wir Christen), über die man sich in Amerika ohne öffentlichen Aufschrei lustig machen und die man diskriminieren darf, einzutreten (na ja, vielleicht gilt das ja auch noch für die Rechtsanwälte ...).

Aber noch so viele Gesetze, Gerichtsentscheide oder Rufe nach politischer Korrektheit können die Flut der Liebe, die von zehn Millionen über unser Land verstreuten Leuchthäusern ausgehen würde, nicht aufhalten.

Hingehen statt einladen

Die chinesischen Christen haben es bewiesen. Sie hatten nicht nur mit einfacher Feindschaft oder einer schlechten Presse zu kämpfen, sondern hatten eine mächtige, böse Zentralregierung gegen sich, die darauf aus war, sie vollständig auszulöschen. „Aber", wie es ein Beobachter nach dem Fall des Bambus-Vorhangs ausdrückte, „mit der Zeit wurde klar, dass die Christen die besten Chinesen im Land waren. Sie arbeiteten am härtesten, beklagten sich am wenigsten und liebten am meisten." Heute wenden sich die Menschen in China millionenfach Christus zu.

Wenn eine gläubige Familie den Menschen, mit denen sie im Alltag zu tun hat, auf praktische und fürsorgliche Art Liebe erweist, gibt es keinen Gerichtsentscheid, der ihren Einfluss vereiteln kann. Wenn diese „Liebe" noch durch *„Freude, Friede, Geduld, Freundlichkeit, Güte, Treue, Sanftmut und Selbstbeherrschung"*, also der Frucht des Geistes, verstärkt wird, dann gibt es kein Gesetz (vgl. Gal 5,23), auf das sie sich stützen können, um zu verhindern, dass unsere Nation zu Gott zurückkehrt.

Stehen Sie auf für Wahrheit und Recht, aber bauen Sie Beziehungen zu Ihren Nachbarn. Salz hat keine Wirkung, solange es verpackt ist. Licht, das in unsere Kirchengebäude eingesperrt ist, wird nicht die zunehmende Dunkelheit unserer Kultur durchdringen.

Hingehen statt einladen.

Wir müssen das Evangelium als Priester vorleben

Jedes Wohnviertel braucht einen Priester. Dieser Satz klingt für die meisten Christen wahrscheinlich ziemlich seltsam, aber nur deshalb, weil wir zum größten Teil den Gedanken des Priestertums des einzelnen Gläubigen verloren haben. Offenbarung 1,4-6 gilt aber noch immer:

> *Johannes den sieben Gemeinden, die in Asien sind: Gnade euch und Friede von dem, der ist und der war und der kommt, und von den sieben Geistern, die vor seinem Thron sind, und von Jesus Christus, [der] der treue Zeuge [ist], der Erstgeborene der Toten und der Fürst der Könige der Erde! Dem, der uns liebt und uns von unseren Sünden gewaschen hat in seinem Blut und uns gemacht hat zu einem Königtum, zu Priestern seinem Gott und Vater: Ihm sei die Herrlichkeit und die Macht in alle Ewigkeit! Amen.*

Wie wir wissen, war es im Alten Testament so, dass die offiziell eingesetzten Priester Schuld sühnten, indem sie das Blut von Tieren vergossen. Jetzt ist es so, dass *wir*, die glauben, *alle* zu Priestern bestimmt sind. Unsere Rolle ist also, denen die Vergebung der Sünden zu bringen, die noch immer im Dunkeln und fern vom Reich Gottes sind.

Dies tun wir natürlich nicht, indem wir das Blut von Tieren oder noch einmal das Blut Christi vergießen. Er hat das ein für alle Mal getan (vgl. Hebr 9,12.26). Wir tun es, indem wir zu Wegweisern werden. Wir weisen Sündern den Weg, wie sie ihre Sünden durch das Blut Christi gereinigt bekommen. Wir weisen den Weg aber auch, indem wir für die Verlorenen beten und uns praktisch und konkret um sie kümmern und mit ihnen mitfühlen und indem wir allen, die offen dafür sind, die gute Nachricht von der Vergebung der Sünden durch das vergossene Blut Jesu Christi bezeugen.

Das ist die tiefgründige Botschaft der Leuchthaus-Bewegung, die zum Ziel hat, Christen zu mobilisieren, die durch „Beten, Kümmern und Weitersagen" ihre Nachbarn in Wort und Tat lieben und als „Priester" das Evangelium in jedes Wohnviertel des Landes bringen wollen.

Es ist Zeit, dass wir das Naheliegende tun

Julian Batchelor, ein bekannter neuseeländischer Evangelist, sagte vor kurzem: Falls er noch einmal jemand sagen höre, Erweckung stehe kurz bevor, werde er „krank werden".

„Das hörte sich sehr komisch an", schrieb Dean Comerford[1], „dass jemand, der so hungrig nach Gott ist, so etwas sagt. Aber sein mutiges Wort erwärmte mein Herz, denn ich habe dieselbe Krankheit. Wenn es um Erweckung geht, scheint mir, dass wir oft darauf warten, dass Gott auftaucht und Wunder tut, wo doch Gott darauf wartet, das wir auftauchen und das Naheliegende tun."

Wie sollen wir gesegnet und erweckt werden, um Einfluss auf unsere zerfallende Gesellschaft auszuüben, wenn wir nicht einmal das einfachste und grundlegendste Gebot des Sohnes befolgen können: den Herrn, unsern Gott, mit unserem ganzen Herzen, unserem ganzen Verstand und mit all unserer Kraft zu lieben *und* unsere Nächsten wie uns selbst (vgl. Mt 22,37.38) – mit dem Ziel vor Augen, sie zu Jüngern unseres Herrn zu machen (vgl. Mt 28,18-20)?

Denn Liebe sagt nicht: „Wenn du ein Problem hast, dann zieh dich an wie ich, tu, was ich tue, und komm zu dem Ort, an dem ich anbete, dann werde ich dir helfen." Liebe sagt: „Ich werde mir die Zeit nehmen und keinen Aufwand scheuen, um zu dir dahin zu kommen, wo du bist. Ich werde dir meine Fürsorge und mein Erbarmen durch das, was ich tue und sage, zeigen."

---

[1] Dean Comerford von *Future Church Ministries*, Invercargill, Neuseeland.

Liebe sagt: „Ich werde regelmäßig und ernsthaft für dich zu Gott *beten.* Ich werde mich auf praktische und einfühlende Weise um dich *kümmern.* Ich werde dir die gute Nachricht des Reiches Gottes weitersagen, wenn du dazu bereit bist. Ich *wage es,* mein Leben bewusst für dich zu verschwenden."

Das Mindeste, was wir tun können, das Allermindeste, ist, die Gewohnheit zu entwickeln, regelmäßig und informiert für die Leute in unserem Wohnviertel und für diejenigen, mit denen wir im Alltag zu tun haben, zu beten. Das ist der erste und unerlässliche Baustein der Leuchthaus-Bewegung.

TEIL II

Beten

KAPITEL 2

Gebet für alle

Von der Macht des Gebets muss ich wohl keinen von Ihnen überzeugen. Auch die wenigsten Nichtchristen stellen das in Frage. Aus einer vor kurzem durchgeführten Studie geht hervor, dass 90 Prozent aller Amerikaner beten. Noch interessanter ist, dass nach einer anderen Umfrage 84 Prozent der erwachsenen Amerikaner sagen, *sie glaubten, dass Gott Wunder tut;* 48 Prozent berichten, *sie hätten selbst ein Wunder erlebt oder seien Zeuge eines solchen gewesen.*[1]

Bevor „Mission America" aufkam, war Gebet allerdings nie der Eckpfeiler einer landesweiten Strategie, die gesamte Nation zu Jüngern zu machen, gewesen. Der Zeitpunkt ist jedoch wichtig, denn weltweit gibt es überwältigende Hinweise dafür, dass Gott sein Volk heute zum Gebet ruft.

Zweifellos war eines der wichtigsten Resultate der „AD2000"-Bewegung, dass sich weltweit Millionen von Gläubigen massiv und intensiv in Gebet und Fürbitte engagierten. Zusammen mit meinem guten Freund und Kollegen Peter Wagner, der als Leiter des AD2000-Gebets eine entscheidende Rolle spielte, erlebten wir Gebetswachen, weltweite Tage des Gebets, geistliche Kampfführung, „Spiritual Mapping", Gebetsmärsche vor Ort in einigen der

---

1 „Should You Believe in Miracles?", *Reader's Digest,* October 2000, S. 136.

stärksten Festungen des Feindes sowie sehr viele Gebetsaktionen, die überall auf der Welt und auf allen Ebenen entstanden.

Hunderttausende beten für Indien

Wir haben dies auf jeden Fall in unserer eigenen kleinen Organisation gesehen. Vor fünf Jahren baten uns zum Beispiel Leiter aus Indien, ihnen dabei zu helfen, mindestens 50 000 Fürbitter zu mobilisieren, die regelmäßig für Indien beten. Über E-Mail stehen wir nun mit etwa 100 000 Fürbittern in Verbindung, die für die Errettung Indiens beten. Es wäre sogar möglich – und wahrscheinlich –, diese Zahl auf eine Million zu erhöhen.

Und dies ist nur ein kleines Beispiel dafür, wie Gott uns, sein Volk, herausfordert, uns zu demütigen, zu beten, sein Angesicht zu suchen und von unseren halbherzigen und selbstgefälligen Wegen umzukehren, damit er unsere Sünde vergeben und unsere Völker heilen und zu Jüngern machen möge (2 Chr 7,14 und Mt 28,19).

Den Wind des Geistes einfangen

Durch die Kirchen unseres Landes wird keine Erweckungsbewegung wehen, wenn unsere Segel nicht wirklich den Wind des Geistes einfangen. Wenn Gott dahintersteckt, wer wird ihm widerstehen können? Umgekehrt gilt: Falls dies nicht etwas ist, was unser himmlischer Vater in den Herzen seiner Leute entfacht, werden auch ein großer Aufwand an Geld, Organisation und Werbung kaum etwas anderes als Holz, Heu und Stroh zuwege bringen. Zweifellos ruft Gott weltweit Hunderte Millionen seines Volkes zu massivem, andauerndem und fürbittendem Gebet.

Peter Wagner drückte es so aus: „Diese weltweite Gebetsbewegung dreht sich nicht um sich selbst, sondern ist ein Werkzeug mit dem Ziel, Festungen zu schleifen und das Evangelium in jeder Ecke und jedem Winkel der Welt – jedem Dorf und jedem Wohnviertel – bekannt zu machen, sodass sich die Menschen in Scharen dem lebendigen Gott zuwenden. Sie dient dem Ziel, den Missionsbefehl in unserer Zeit zu erfüllen."

Dadurch, dass die Leuchthaus-Bewegung überall zu Gebet aufruft, steht sie in Einklang mit dem, was Gott in unseren Tagen tut. Wenn Gott dafür ist, wer kann dagegen angehen? Anders ausgedrückt: Wagen wir zu widerstehen, wagen wir, das offensichtliche Werk des Geistes, seinen Leib zum Gebet für die Völker aufzurufen, zu hindern?

Der beste Ausgangspunkt

Gebet als Ausgangspunkt der Leuchthaus-Vision ist außerdem möglicherweise das *Einzige,* was es großen Teilen der evangelikalen Bevölkerung leicht machen wird, auf den Zug aufzuspringen. Die DAWN-Idee, Gemeinden zu multiplizieren – so sehr ich glaube, dass man selbst in Amerika gute Gründe dafür finden kann –, überzeugte kaum einen der Tausenden von Pastoren, denen die DAWN-Mitarbeiter Jack Dennison und Mike Steele in den fünf Jahren begegneten, als sie das Land in seiner Länge und Breite durchzogen.

Auch die Idee, seinem Nachbarn einen Kuchen zu bringen – viel weniger, persönlich Zeugnis zu geben – wird in den Anfangsphasen einer landesweiten Bewegung kaum große Begeisterung entfachen. Wir sind es einfach nicht gewohnt, mit unseren Nachbarn nur um der Liebe willen ganz bewusst Beziehungen einzugehen. Tatsache ist auch, dass das persönliche Zeugnisgeben, wie wir es verdreht und verdorben haben, weder für uns noch für die Ungläubigen attraktiv ist.

Die Leuchthaus-Bewegung hat es sicherlich in die richtige Reihenfolge gebracht: *Erst* beten, *dann* kümmern und *dann* weitersagen. Wenn wir uns dabei an Jesus orientieren, wird meiner Meinung nach klar, dass diese Schritte ganz bestimmt zu einer Bewegungs-Mentalität passen. Das wird in den entsprechenden Abschnitten dieses Buches klar. Richtig verstanden, sind dies Dinge, die wir alle ganz natürlich und gerne tun können. Viele werden sogar herausfinden, dass es Dinge sind, die sie tun *wollen* und tun *werden.*

Gebet als Strategie

Ich bin außerdem der festen Überzeugung, dass die Leuchthaus-Bewegung aus strategischer Sicht genau am richtigen Punkt angesetzt hat. Sie beginnt mit einer so einfachen, so provozierenden und zum jetzigen Zeitpunkt so unbedingt notwendigen Idee, dass sie großes Potenzial hat, weite Teile der evangelikalen Christenheit zum Mitmachen zu bewegen.

Das Leuchthaus-Konzept umfasst zwei wesentliche Dinge einer Gesamtstrategie, Nationen zu Jüngern zu machen: Sie ist umfassend in ihrer Vision, da sie darauf abzielt, dass es in *jeder* Straße eines Landes ein Leuchthaus gibt, und sie ist systematisch, weil sie alle Gemeinden – den gesamten Leib Christi – in einer gemeinschaftlichen Aktion mobilisieren will. Sie führt zur Erfüllung der Gedanken von 1. Timotheus 2,1-4, wo Gott durch seinen Diener befiehlt, dass „Flehen, Gebete, Fürbitten, Danksagungen getan werden für *alle Menschen"*.

„Alle Menschen", heißt es in der Broschüre von „Mission America", „schließt unsere Nachbarn ein, die Gott retten und zur Erkenntnis der Wahrheit führen möchte."

Keine Bedrohung, keine große Kampagne, kein Haufen Geld

In ihrer Anfangsphase lag der Schwerpunkt der Leuchthaus-Bewegung auf dem Gebet. Das war der denkbar einfachste und am wenigsten bedrohliche Ansatz. Wer kann in der Abgeschiedenheit seines Schlafzimmers nicht ein leises Gebet für den Nachbarn von gegenüber sprechen? Die Leuchthaus-Literatur gab an, jedes Zuhause könne durch eine fünfminütige Schulung zu einem Leuchthaus werden.

Ein solcher Ansatz war für die Entwicklung einer echten, landesweiten Bewegung entscheidend. Landes- oder stadtweite evangelistische Kampagnen, wie wir sie alle erlebt haben, erfordern riesige Geldsummen, eine große Menge an Mitarbeitern, ein professionelles Vorgehen in der Werbung und Ausbildung und unendliche Energie bei der Planung und Organisation.

Wenn sie nach Gottes Führung und Zeitplan geschieht, ist eine solche Aktion nicht zu verachten. Wie wir wissen, können solche Kampagnen zu bestimmten Zeiten und auf spektakuläre Weise die Aufmerksamkeit ganzer Völker auf Jesus Christus lenken. Die Mobilisierung einer großen Zahl von Gläubigen und die Aufmerksamkeit der Medien auf die Kampagne lassen „Religion" zumindest zum „Stadtgespräch" werden.

In gewisser Weise lassen sich solche Kampagnen jedoch mit einem Silvester-Feuerwerk vergleichen. Für einen Moment mag der Anblick atemberaubend sein, aber schon bald verglühen die Funken. Es bleibt oft nicht viel mehr als eine nette Erinnerung, manchmal vielleicht sogar eine bittersüße Erinnerung. Man ist begeistert über die Menschenmengen, den Trubel, die vielen nach vorne strömenden Leute, aber es bleibt ein hohles Gefühl, wenn nach Tagen und Wochen in der örtlichen Gemeinde wenig Frucht zu sehen ist.

Eine neue Gattung

Eine evangelistische *Bewegung* jedoch ist etwas ganz anderes. Sie baut auf einer völlig anderen Sichtweise, ganz anderen Annahmen und Ansätzen auf. Eine Bewegung ist auf lange Sicht angelegt und ständig dabei, sich zu erweitern, zu wachsen und sich unaufhörlich fortzupflanzen. Sie kann in einer kleinen, dunklen Ecke beginnen, aber eine solche Zugkraft haben, dass sie in immer größeren Kreisen Interesse weckt. Ihre Kernidee ist so grundsätzlich und zugleich so einfach, dass man ihre Stichhaltigkeit sofort erkennt. Eine fünfminütige Darstellung hat ein Aha-Erlebnis zur Folge. *Schnell wird klar: Dies ist etwas, was unbedingt getan werden muss, und es ist etwas, was ich tun kann und muss.*

Dieses Phänomen haben wir in der DAWN-Bewegung unzählige Male und auf der ganzen Welt beobachtet. Wenn, wie in unserem Fall, kirchliche Leiter auf Länderebene mit der Idee konfrontiert werden, der direkteste Weg, in ihrem Land an der Erfüllung des Missionsbefehls zu arbeiten, sei der, für jede Person, unabhängig von deren Gesellschaftsschicht, Lebensstil oder Lebensbedingungen, eine Gemeinde in Reichweite anzubieten, dann geht ihnen ein Licht auf. „Ja, das müssen wir tun, um unsere Nation jetzt zu

Jüngern zu machen", ist im Wesentlichen die Reaktion der Leiter überall.

Ich glaube auch, dass zum Beispiel die Kirche auf den Philippinen durch ihr Ziel, eine Bewegung sein zu wollen, den Antrieb erhielt, um in einem Zeitraum von 26 Jahren von 5000 auf 50 000 Gemeinden zu wachsen. Wäre sie bei ihrer vorherigen jährlichen Wachstumsrate von fünf Prozent geblieben, dann hätte sie heute nur etwa 14 000 Gemeinden erreicht, also 36 000 weniger. Geht man davon aus, dass mit der Zeit – seien es Monate oder Jahre – in einer dieser Gemeinden durchschnittlich 100 Leute zum Glauben kamen und verantwortliche Mitglieder wurden, bedeutet das etwa 3,6 Millionen Jünger mehr und damit mehr als genug, um einen signifikanten Unterschied in der gesamten Gesellschaft zu machen.

Nach meiner Erfahrung hätte keine erdenkliche Menge an Geld und Einsatz ein Projekt zur Multiplikation von Gemeinden mit so vielen verschiedenen Denominationen und Werken über ein Vierteljahrhundert aufrecht erhalten können, hätten nicht fast alle Leiter gesehen, dass dies etwas war, was gemacht werden musste und in der realen Welt auch getan werden *konnte.* Eine so kleine Organisation wie DAWN mit ihren lediglich zehn Missionaren hätte niemals die nationalen Strategien, die sich jetzt weltweit in Dutzenden von Ländern entfalten, organisieren können.

Wollen wir Städte erreichen und ganze Länder zu Jüngern unseres Herrn machen, dann müssen wir Ansätze finden, die nicht von verrücktmachenden Wiederholungen riesiger und belastender Marketing- und Finanzierungskampagnen abhängen.

Flüsse zu überqueren; Berge zu erklimmen

Für die Ausbreitung einer Bewegung gibt es natürliche Barrieren, so wie zu Zeiten der amerikanischen Pioniere Flüsse, Berge oder Wüsten Hindernisse waren, die für die Erweiterung nach Westen überwunden werden mussten. Es werden Strukturen und Logistik-Systeme nötig sein, um die Flammen der Bewegung anzufachen und um den Flammen zu helfen, über die natürlichen Schutzwälle zu springen. Dieses Thema werden wir in Teil V dieses Buches behandeln, wo es um das „Wagen" geht.

Sicherlich ließen sich diejenigen, welche die Leuchthaus-Bewegung prägten, vom Herrn führen, als sie eine Idee umgesetzt haben, die eine schnelle Multiplikation und sogar exponentielles Wachstum wahrscheinlich machte. Beispielsweise könnte ein Pastor nach einer Präsentation der Leuchthaus-Idee seine Gemeinde für 25 Nachbarschaften engagieren. Der Pastor einer Mega-Gemeinde könnte sich für 1000 Leuchthäuser verpflichten. Der Leiter einer Denomination liest davon und sagt, er könne sich vorstellen, zehntausend zu beginnen. Schnell geht die Zahl der Nachbarschaften, für die eingetreten wird, in die Zehntausende und dann in die Hunderttausende. Bald wächst die Bewegung so schnell, dass es so gut wie unmöglich wird, in Zahlen festzuhalten, was passiert.

Dann treffen die ersten Berichte und Geschichten ein: Der Pastor einer freien methodistischen Gemeinde gab zum Beispiel dieses Zeugnis: „Im Juli wurde mir die Leuchthaus-Strategie vorgestellt. Ich hatte noch nie davon gehört, aber sie ergriff mein Herz und ich kann nicht mehr davon loskommen. Ich betete und bat Gott, mich zu führen und das Herz meiner Frau vorzubereiten, bevor ich mit ihr darüber sprach ... Im Oktober weihten wir unser Haus als Leuchthaus ... Seit wir täglich für unsere Nachbarn beten, kommen mehr Menschen auf mich zu, die Gebet und Führung für ihr Leben suchen, als je zuvor."

Die Geburt einer Bewegung

Wenn sich die Zahlen und Geschichten zu häufen beginnen, wissen wir, dass eine Bewegung geboren worden ist.

Zunächst einmal hat die Vision, dass für jede Nachbarschaft gebetet wird, das Zeug zu einer authentischen Bewegung, die das Land durchdringen könnte. Wer könnte bestreiten, dass seine Nachbarn Gebet brauchen? Wer könnte sich herausreden, an einer so einfachen und fruchtbaren Sache nicht teilnehmen zu wollen? Wer kann leugnen, dass jeder Einzelne dringend Gebet benötigt? Und wer wagt anzuzweifeln, dass ein allgegenwärtiger, allmächtiger Gott die Bitten seiner Leute hört?

Außerdem gilt, was Bill Bright so gut ausgedrückt hat: „Kleine Träume setzen die Gedanken der Menschen nicht in Brand." Wel-

at sich die Leuchthaus-Bewegung gesetzt? Kein gerin-
die Woge des moralischen Niedergangs der Nation auf-
zuhalten und sie zurück zu Gott zu führen. Sie strebt die Reevangelisierung Amerikas und die Erfüllung des Missionsbefehls für unser Land an. Sie möchte das erreichen, was viele heute mit „Abschluss" bezeichnen.

Sie beginnt am Horizont als Wolke von der Größe der Faust eines Mannes und könnte zu der Kraft werden, welche die Gläubigen unseres Landes in einer echten Bewegung Gottes vereint, die den Lauf unserer Geschichte zu diesem kritischen Zeitpunkt verändert.

Wie sollen wir also beten?

Ein weiterer Hinweis dafür, dass Gott zu einer weltweiten Gebetsbewegung aufruft, ist die Fülle hervorragender Bücher zu diesem Thema. Allein in meinem begrenzten Freundeskreis gibt es herausfordernde Bücher über Gebet von Peter Wagner, Dick Eastman, Paul Cedar und Ed Silvoso. Mary Lance Sisk, die Vorsitzende des Leuchthaus-Koordinationsausschusses, hat ein wunderbares Büchlein zum Thema „Wie Sie Ihre Nachbarschaft durch Liebe und Gebet segnen können" geschrieben.[2] Da es diese und noch weitere hervorragende Ressourcen gibt, muss ich dieses Thema hier nur knapp behandeln.

Ich möchte unsere Aufmerksamkeit jedoch auf einige Aspekte des Gebets lenken, die in besonderer Weise für Leuchthäuser des Gebets in unserer Nachbarschaft gelten.

Eine der Broschüren der Leuchthaus-Bewegung schlägt zum Beispiel vor, es sei wichtig, alle Fürbitter für diese Gebetsbewegung zu mobilisieren. Ja, wir brauchen die Fürbitter, aber das ist nicht die ganze Antwort. Denn wie viel Prozent der Gläubigen sehen sich schon als Fürbitter oder glauben, diese Gabe zu haben? Es reicht nicht, Leuchthäuser in einem kleinen Teil unserer Nachbarschaften zu haben.

---

[2] Sisk, Mary Lance V., *Love Your Neighbor As Yourself,* 1999, publiziert von Mary Lance Sisk, P.O. Box 472247, Charlotte, NC, 28247-2247.

Mehr noch, die Fürbitter, die ich kenne, sind selten diejenigen, die später hinausgehen werden, sich mit echten Taten der Nächstenliebe um ihre Nachbarn kümmern und ihnen schließlich das Evangelium weitersagen werden. Sie sind oft eher in die Gebetskammer berufen, wo ihre Gaben die größte Auswirkung haben.

Nein, damit eine Bewegung blüht, müssen wir uns alle, einschließlich der Christen, die momentan keine regelmäßige Stille Zeit mit dem Herrn pflegen, aufmachen, für unsere Nachbarn zu beten. Dies kann in der Tat der Anfang dafür sein, dass junge Christen ein tieferes Gebetsleben bekommen – möglicherweise sogar auch jene „Kinder" Gottes, die schon jahrzehntelang „gerettet" sind. Lassen Sie sie mit etwas Einfachem beginnen, wie zum Beispiel für einen Nachbarn oder einen Haushalt in der Nachbarschaft zu beten. Wenn wir die erste Hürde zu hoch setzen, können nur einige wenige darüber springen, und dies würde den Traum töten, bevor er richtig begonnen hat.

Für viele Christen ist der Leuchthaus-Gedanke, als ersten Schritt für jeweils fünf Haushalte zur Linken und zur Rechten ihres Hauses und für weitere zehn Haushalte auf der gegenüberliegenden Straßenseite zu beten, keine Überforderung, und sie sollten damit beginnen.

„... die du mir gegeben hast ..."

Wenn wir damit beginnen, für unsere Nachbarn zu beten, müssen wir auch für die Arbeiter beten. Das sind Sie und ich. Das ist unsere Gemeinde.

Donna Fernandez, die Frau von Wolfgang Fernandez, der den internationalen Dienst von DAWN leitet, gesteht, dass sie sich manchmal wie ein Fürbitter zweiter Klasse vorkommt, weil sie den Ruf hat, insbesondere für christliche Arbeiter zu beten. Sie schreibt:

> Vieles, was als *strategisches* Gebet betrachtet wurde, war auf das *Erntefeld* – die Unerretteten – gerichtet statt auf die *Erntearbeiter*, also Sie und mich. Instinktiv beten wir dafür, dass unsere Nachbarn errettet werden, dass unsere Städte transformiert werden und dass ganze Länder Jesus als König anerkennen. Auch Paulus schrieb, das Wohlgefallen seines Herzens und sein Flehen für sie zu Gott sei, dass die Israeliten errettet werden (vgl. Röm 10,1).

Als sie einen Artikel zu diesem Thema vorbereitete, war es für Donna ermutigend, Matthäus 9,37 und Lukas 10,2 zu lesen. „Die Ernte ist zwar groß", sagt Jesus dort, „aber der Arbeiter sind wenige. Bittet nun den Herrn der Ernte, dass er Arbeiter in seine Ernte aussende."

Als sie Johannes 17 aufschlug, wurde sie zusätzlich dadurch gesegnet, dass dieser Gedanke im Hohepriesterlichen Gebet unseres Herrn noch verstärkt wird, als er betet: „Ich bitte für sie (die Jünger); *ich bitte nicht für die Welt,* sondern für die, welche du mir gegeben hast, denn sie sind dein."

Jesus schien zu ihr zu sagen: „Warum sorgst du dich so sehr darüber, dass du dich nicht geführt fühlst, für die Ernte zu beten? Die Ernte ist groß. Es sind die Arbeiter, an denen es mangelt. Bete, dass ich Arbeiter in das Erntefeld sende! Bete, dass ich diese Arbeiter stärke, zu ihnen spreche und für die Arbeit ausrüste, für die ich sie bestimmt habe! Bete, dass sie verstehen, was ich ihnen auftrage, und dass sie den Mut haben, mir in das Erntefeld zu folgen. Bete für ihre Familien, dass auch sie mich hören werden, wenn ich sie in die Felder rufe, wo sie die Arbeit unterstützen werden."

Menschen beobachten uns

Für eine Strategie wie die Leuchthaus-Bewegung gibt es unglaublich viele *potenzielle* Arbeitskräfte. Innerhalb der Wände unserer 375 000 Gemeinden – eine für je 750 Amerikaner – gibt es Zigmillionen Amerikaner, die zum Gebet für ihre Nachbarn mobilisiert werden könnten. Wir müssen dafür beten, dass diese *potenziellen* Arbeiter auch tatsächlich zu Arbeitern werden.

Wir müssen außerdem stark dafür beten, dass der Heilige Geist jeden von uns so erfüllt, dass wir wirklich die Liebe und das Erbarmen Jesu Christi verkörpern, damit unsere Nachbarn, schon wenn sie uns beobachten, zum Leben Jesu in uns hingezogen werden.

Lyn berichtet über die Zeit, als wir einmal auf Heimaturlaub von unserem Missionsdienst auf den Philippinen waren. In einem pikfeinen Wohnviertel hatten wir ein schönes kalifornisches Haus mit seinem obligatorischen riesigen Swimmingpool im Innenhof zur Verfügung.

Als wir die Eigentümerin trafen, für die wir das Haus hüteten, erzählte sie uns von ihrer direkten Nachbarin. „Ich habe für sie gebetet", sagte sie, „und ich glaube, dass sie möglicherweise für den Herrn offen ist." Als Lyn ihre täglichen Spaziergänge durch diese feinen Straßen machte, dachte sie an diese Nachbarin. „Herr", betete sie, „weshalb hast du uns ein paar Wochen unter diese reichen Nachbarn gestellt? Was können wir in nur einem Monat hier tun?"

Etwa zehn Tage später klingelte es an der Tür. Lyn öffnete und sah, dass es diese Nachbarin war, für die sie gebetet hatte. „Es tut mir leid, wenn ich störe", sagte sie, „aber ich habe den Eindruck, dass Sie die Art von Menschen sind, die mir vielleicht helfen können, Gott zu finden." Daraufhin bat Lyn sie herein und sprach einige Stunden mit ihr über das Evangelium. „Ich habe Sie und Ihre Kinder beobachtet, als sie im Swimmingpool spielten", sagte die Frau an einer Stelle. „Eine solche Liebe und Freude habe ich bisher noch in keiner Familie gesehen. Deshalb dachte ich, Sie könnten mir möglicherweise etwas über Gott erzählen."

Unsere Familie hatte vielleicht unbewusst den Rat von Petrus umgesetzt: *„Führt stattdessen einen untadeligen Lebenswandel, der sich vom Leben der Nichtglaubenden abhebt. Durch euer Verhalten sollen auch die überzeugt werden, die euch so bösartig verleumden. Wenn die Wahrheit ans Licht kommt, werden selbst sie Gott noch ehren"* (1 Petr 2,12 Hfa).

Lyn konnte nicht sofort ein Ergebnis sehen, was oft der Fall ist. Wir gehen davon aus, dass die Eigentümerin des Hauses, in dem wir gewohnt hatten, die Frau später zum Herrn führen konnte. Wir wissen aber einfach nicht, was in den Herzen der Leute um uns herum vor sich geht, während wir das Leben Jesu Christi ausleben.

Wahrscheinlich sind nicht viele Zeugnisse aus unseren Nachbarschaften so dramatisch wie dieses. Tatsache ist aber, dass uns andere Leute beobachten, selbst wenn sie nur sehen, dass unser Christsein eben nicht so weit geht, dass wir sie lieben und uns um sie kümmern. Vielleicht ist es nur etwas Einfaches wie ein Garagentüröffner, der unser Licht unter einem Scheffel versteckt. Unsere Garagentüre öffnet sich, wenn wir das Haus verlassen, und wenn wir zurückkommen, verschwinden wir wieder in der Garage.

Wir scheinen kein größeres Interesse an ihnen zu haben als alle anderen auch.

Jesu Worte fordern uns noch immer heraus: „Lasst euer Licht leuchten!" Wie wir in unserer Nachbarschaft leben, ist der erste Eindruck, den viele davon bekommen, was es heißt, Christ zu sein. Der Apostel Paulus konnte den Thessalonichern schreiben: *„Ihr seid Zeugen und Gott, wie heilig und gerecht und untadelig wir gegen euch, die Glaubenden, waren"* (1 Thess 2,10). Sein Verhalten verkörperte seine Botschaft.

Das Gebet für die Nachbarn beginnt im Innern des Leuchthauses, in unseren eigenen Herzen und Gedanken. Unsere Anbetung, unsere Zeit mit dem Herrn, unser Sündenbekenntnis sollten darauf ausgerichtet sein, dass in uns das Leben Christi Gestalt annimmt. Andernfalls „inkarnieren" wir den Retter nicht.

Beten Sie weiter für die Heiligen

Im Verlauf ihrer Suche schlug Donna Fernandez den berühmten Abschnitt des Apostels Paulus über den geistlichen Kampf in Epheser 6 auf, wo er mit klaren Worten auffordert: „Zieht die ganze Waffenrüstung Gottes an." „Steht fest." „Ergreift den Schild des Glaubens." „Nehmt den Helm des Heils."

Und schließlich: „Betet." Wie? „Mit jeder Art von Gebet und Flehen (sie sind alle wirksam) betet bei allen Gelegenheiten (überall und zu jeder Zeit) und betet im Geist!" „Mit all dem im Sinn", ermahnt er die Epheser, „seid wachsam und *hört nicht auf, für die Heiligen zu beten"* (wörtlich aus dem Englischen).

Er schließt mit den Worten an seine Freunde: *„Betet auch für mich, damit mir Rede verliehen werde, wenn ich den Mund auftue, mit Freimütigkeit das Geheimnis des Evangeliums bekanntzumachen, für das ich ein Gesandter in Ketten bin, damit ich in ihm freimütig rede, wie ich reden soll."*

Die Botschaft ist klar. Wenn es darum geht, unseren Glauben weiterzugeben, haben wir Gebet nötig. Im Gebet ist Kraft. Gebet zieht uns zum Herrn hin und füllt uns mit seinem Geist. Wenn wir Christen in jedem Wohnviertel eines Landes so vorbereitet sind, können wir für jeden einzelnen Bürger, Ausländer und Asylanten beten. Als Folge davon wird etwas geschehen!

Beten Sie für sich selbst, für Ihre Familien, für die Menschen in Ihrer Gemeinde. Beten Sie für Erweckung. Beten Sie: „Heiliger Geist, läutere mich, damit die Schönheit, Leidenschaft und Reinheit Jesu in mir sichtbar wird."

In *mir* sichtbar wird.

Und in Millionen meiner Brüder und Schwestern in Jesus Christus im ganzen Land. Das Licht verbergen? Nein! Ich werde es leuchten lassen.

Wirksames, leidenschaftliches Gebet

Jetzt sind wir bereit, für unsere Nachbarn zu beten. Dazu sind einige Schritte zu gehen, die wir im nächsten Kapitel näher betrachten werden. Es ist sicherlich wichtig, dass wir das Alter, die Namen, Berufe und Interessen unserer Nachbarn herausfinden, und wir werden mehr und mehr auch ihre familiären Probleme und Nöte kennenlernen.

Je mehr wir die Nachbarn, die uns der Herr aufs Herz legt, kennenlernen und mit ihnen echte Beziehungen knüpfen, desto mehr werden wir die einfachen Gebete, wie „Segne Familie Müller", hinter uns lassen und zu einem „wirksamen und leidenschaftlichen Gebet" gelangen.

Eine einfache Anregung wäre zum Beispiel, das Vaterunser für unsere Nachbarn zu beten. Schließlich lehrte uns Jesus selbst, so zu beten. Es wäre schwierig, dies verbessern zu wollen. Sie können zum Beispiel jeden Tag das gesamte Vaterunser für eine Person beten. Eine andere Möglichkeit ist, jeden Tag einen Teil davon für jede Person auf Ihrer Liste zu beten. Oder Sie beten denjenigen Teil des Vaterunsers, der gerade am besten zu den Nöten einer bestimmten Person passt.

Das Folgende ist ein zusammengesetztes Beispiel dafür, wie Lyn und ich an einem bestimmten Tag für unsere Nachbarn beten könnten, vorausgesetzt, wir kennen sie schon etwas.

Vater unser im Himmel.

„Lieber Herr, weder Gerhard noch Ruth neben uns hatten einen irdischen Vater, der einen gesunden menschlichen Vater verkörpert hätte. Vielleicht haben sie deshalb keine Ahnung davon, wie wunderbar es ist, dass du dich auf eine für sie kaum vorstellbare Weise um sie kümmerst. Wir bitten dich, dass beide dich als ihren himmlischen Vater kennenlernen dürfen."

Geheiligt werde dein Name.

„Herr, für sie ist dein Name höchstens ein weiterer Name und schlimmstenfalls ein Fluchwort. Wir bitten dich, dass sie dich als den heiligen und gerechten Gott erkennen dürfen, dessen Name höher als jeder andere Name ist."

Dein Reich komme.

„Gerhard und Ruth scheinen noch immer selbst auf dem Thron ihres Lebens zu sitzen. Sie gehören ganz und gar zur Ich-Generation. Sie haben nicht erkannt, dass du ihnen all die Dinge geben willst, die sie wirklich ganz glücklich machen, wenn sie nur zuerst dich suchen würden. Möge dein Reich, Herr, in ihr Leben kommen."

Dein Wille geschehe, wie im Himmel, so auf Erden.

„Dein Wille, Herr, ist, dass niemand verloren geht. Unsere Nachbarn sind jedoch auf dem Weg in die Zerstörung. Wir bitten dich, so wie du uns geboten hast, dass du Arbeiter in dieses Erntefeld sendest. Sende uns oder sende andere, auf die unsere Nachbarn ansprechbar sind. Weil wir sie lieben, Herr, sehnen wir uns danach, dass dein vollkommener, wunderbarer Wille in ihrem Leben zur Erfüllung kommt."

Unser tägliches Brot gib uns heute.

„Durch ihren Lebensstil, Herr, verschwenden sie ihr Geld für unnütze und zerstörerische Gewohnheiten und Vergnügungen, aber sie scheinen nicht genügend Geld für die wirklich wichtigen Bedürfnisse ihrer Kinder zu haben. Wir bitten dich, dass du uns benutzt, um sie zu dir zu ziehen, zu dem, der verspricht, alle wirklichen Bedürfnisse derer zu erfüllen, die zu ihm gehören."

Und vergib uns unsere Schuld, wie auch wir vergeben unseren Schuldigern.

„Herr, wir sehen, dass Gerhard und Ruth gebunden sind, weil sie Verwandten, von denen sie verletzt wurden, nicht vergeben. Führe du sie in die Freiheit, die dadurch kommt, dass wir anderen vergeben, damit auch ihre Sünden vergeben werden."

Und führe uns nicht in Versuchung ...

„Ihre Kinder, Herr, gehören zu einer Gruppe, in der sie allen möglichen Versuchungen ausgesetzt sind. Das eine Mädchen scheint schon in Sünde verstrickt zu sein, und die Jüngere scheint ihr zu folgen. Wir bitten dich, dass du sie stark machst, weiteren Versuchungen zu widerstehen. Wir bitten dich, dass sie dich als den kennenlernen, der sie von der Sünde und vom Bösen in ihrem Umfeld retten kann, damit sie ihre Kinder auf den rechten Weg leiten können."

... sondern erlöse uns von dem Bösen.

„O Herr, du weißt, dass Gerhard und Ruth einen gewissen kirchlichen Hintergrund haben und viele christliche Begriffe kennen. Aber Satan hat sie verblendet, sodass sie dich nicht persönlich kennen. Bitte, Herr, erlöse sie von dem Bösen, der sie darin getäuscht hat, zu denken, sie seien in Ordnung. Öffne ihre Augen, damit sie erkennen, wie sehr sie dich in Wahrheit brauchen."

Nun dürfen Sie wieder aufstehen

Gebet ist sicherlich die Basis, und die Leuchthaus-Bewegung liegt richtig damit, dass sie Millionen Menschen für ihre Nachbarn auf die Knie bringen möchte.

Wäre es nicht toll, wenn das *alles* wäre, was wir tun müssten? Welche Nöte wären dem Apostel Paulus erspart geblieben, hätte er einfach nur zu Hause bleiben und mit den guten Leuten in Antiochien beten können. Jeder der zwölf Jünger Jesu hätte eine Menge Schwierigkeiten vermeiden können, den Märtyrertod gar nicht zu erwähnen.

In seinem Buch hat Jack Dennison die vielen, vielen pastoralen Gebetsgemeinschaften aufgezeichnet, die in Amerika entstanden sind, die aber nach einigen Monaten oder Jahren wieder stark zurückgingen.[3] Beantwortete Gott ihre Gebete um Erweckung in der Kirche und um Transformation der Stadt nicht? Standen sie etwa zu lange im Hinterzimmer eines Restaurants, um zu beten, als es an der Zeit gewesen wäre zu handeln?

Nein, die Zeit kommt, wenn wir unser Gebetskämmerchen verlassen und an ein paar Türen klopfen sollen. Während wir weiterhin „mit jeder Art von Gebet und Flehen, zu allen Zeiten und im Geist" beten, ist es jetzt an der Zeit, energisch, systematisch und gründlich dazu überzugehen, uns auch um die Nachbarn zu kümmern.

[3] Dennison, Jack, *City Reaching:* On the Road to Community Transformation, William Carey Library, Pasadena, CA, 1999.

TEIL III:

Kümmern

KAPITEL 3

Das Licht verstecken? Nein!

In unserer Stadt Colorado Springs, in der über hundert evangelikale Werke und viele aufstrebende christliche Gemeinden ihren Hauptsitz haben, sieht man häufig den Autoaufkleber „Feiere die Vielfalt". Damit ist gemeint: „He, ihr spießigen, konservativen Extremisten, akzeptiert endlich Homosexuelle, Abtreibung, wilde Ehen und dergleichen."

Natürlich ist das nur eine Einbahnstraße. „Sie" möchten, dass „wir" sie in ihrem unmoralischen Lebensstil bestärken, aber „sie" würden nicht im Schlaf daran denken, so vielfältig zu sein, auch evangelikale Anliegen zu unterstützen. Der aufdringliche Autoaufkleber, den ich gerne zur Schau stellen würde, wäre: „Feiere die Vielfalt: Umarme einen Evangelikalen." So, da habt ihr's!

Das würde ich natürlich *niemals* tun, hauptsächlich deshalb, weil die Leute, die ihn am häufigsten sehen würden, meine Nachbarn wären. Aber genau von denen möchte ich, dass sie mich für eine liebende, fürsorgliche Person halten, die wirklich an ihnen und ihren Nöten und Sorgen interessiert ist, und nicht für den Extremen, als den die Welt mich gerne abstempeln würde. Stellen Sie sich vor, ich würde am Unabhängigkeitstag Leute aus unserer Straße zu einem Brunch einladen, mit der Absicht, Familien zu Christus zu ziehen – zu lieben –, nachdem sie wochenlang diese klugen Sprüche auf meinem Auto gesehen hätten. Keine Chance!

Hinterhalt-Evangelisation

Ich befürchte, unsere Evangelisationsmethoden ähneln meist eher Schüssen aus der Deckung. Wir legen einen Hinterhalt und verhalten uns wie Heckenschützen.

Vor kurzem sah ich einen Videofilm, in dem auch die Kampagne „Tage der Hoffnung" in Florida vorgestellt wurde. Als Werbung dafür wurden unter anderem Hunderte peppiger Fernsehspots gesendet, die verkündeten: „Das Buch der Hoffnung kommt." Christen aus ungefähr 300 Gemeinden und Werken beteiligten sich anschließend daran, „das Buch" an 500 000 Haustüren zu hängen.

„Es war historisch", bemerkte einer der Leiter. „Wie Manna, das vom Himmel fällt", sagte ein anderer. Und es wurde tatsächlich berichtet, dass in einer Blitzumfrage 80 Prozent der Leute, die das Buch erhalten hatten, angaben, sie hätten zumindest die ersten beiden Seiten gelesen.

Wer wagt schon, die eigene Mutter, einen Apfelkuchen, die Staatsflagge oder gar das Verfügbarmachen wichtiger Bibelstellen für eine halbe Million Menschen zu kritisieren?

Trotzdem war ich etwas betrübt, als ich die Videokassette aus dem Videorekorder nahm. Wie kann es sein, dass wir Tausende Christen dafür mobilisieren können, einmal im Leben ein paar Stunden lang von Tür zu Tür zu gehen, um in einer Blitzaktion einen Ort mit einer Marketing-Idee zu überschwemmen, dass wir es aber nicht schaffen, Älteste unserer Gemeinden dafür zu motivieren, ihre Nachbarn einmal zum Grillen einzuladen?

Inzwischen liebe ich meine Nachbarn – noch nicht so sehr, wie ich mich selbst liebe, aber ich arbeite daran. Lyn und ich kennen die Vor- und Nachnamen aller 42 Leute in den fünfzehn Haushalten unserer Nachbarschaft. Wir sind mit ihnen durch viel Freud und Leid gegangen. Für jeden von ihnen beten wir täglich, manchmal sogar mehrmals am Tag. Wir möchten, dass sie den Herrn kennenlernen.

Liebend gerne hätten wir, dass jeder von ihnen „das Buch" hätte und es lesen würde. Aber Sie würden mich niemals dabei erwischen, dass ich von Haus zu Haus schleiche und das Buch an eine

Türklinke hänge, wie einer, der Zahnpastaproben verteilt. Was würden meine Nachbarn denken, wenn sie mich sähen?

„Ich hatte wirklich gedacht, Jim sei mein Freund, aber jetzt sehe ich, dass er mich in Wirklichkeit zu bekehren versucht." – „Wenn Jim wollte, dass ich dieses Buch habe, warum kam er dann nicht einfach einmal vorbei und sagte mir, dies sei etwas, was mir gefallen würde, und gab es mir dann?" „Ich hatte einigen Respekt vor Jim, aber jetzt sehe ich, dass er Angst davor hat, mit mir von Mann zu Mann zu reden. Er hat keinen Mumm."

Tatsache ist, dass Erfolge in der Evangelisation und Jüngerschaft hauptsächlich – Studien sagen bis zu 90 Prozent – die Folge guter Beziehungen sind. Genau da müssen wir unseren Schwerpunkt setzen.

Uns den Göttern dieser Welt beugen?

Eine solche Marketingaktion ist im Prinzip eine weltliche Methode. Sie steht Gottes Wegen diametral entgegen. „Mischt euch nicht unter diese Völker, die noch übrig sind bei euch", würde Josua zu uns sagen, so wie er es auf seinem Totenbett den Israeliten sagte (Jos 23,7). „Ruft nicht die Namen ihrer Götter an und schwört nicht bei ihrem Namen. Ihr sollt ihnen nicht dienen noch sie anbeten."

Schwören wir nicht bei den Göttern dieser Welt, beten wir sie nicht an und dienen ihnen, wenn wir ihre schlauen Marketing-Praktiken kopieren? *„Sondern ihr sollt dem Herrn, eurem Gott, anhangen, wie ihr es bis auf diesen Tag getan habt"* (Vers 8).

Es ist so einfach: „Liebe deinen Nächsten wie dich selbst."

Vielleicht sollte ich das ein bisschen abschwächen. Ist die Haustürmethode nicht systematisch und umfassend? Bringt sie nicht an einem bestimmten Tag das gedruckte Wort in fast jedes Haus einer Stadt? Sicher. Aber warum können wir nicht zuerst alle Christen dafür mobilisieren, gute Beziehungen zu allen ihren Nachbarn aufzubauen, und ihnen erst dann das Schriftstück geben, das zu einem bestimmten Zeitpunkt ein gewisses Bedürfnis stillt? Warum können wir nicht wie Jesus hinausgehen und einfach mit den Menschen zusammen sein und sie Tag für Tag und Jahr um Jahr auf konkrete Weise lieben?

„Dienende Evangelisation" (Servant Evangelism)

An dieser Stelle wünschte ich, jeder Leser würde dieses Buch weglegen und sich „Faszination der Freundlichkeit" von Steve Sjogren kaufen, aber Ausschnitte aus seinem Artikel „Dienende Evangelisation – verschlossene Herzen für Gottes Liebe öffnen" müssen uns hier genügen.[1] Er schreibt:

> Nachdem wir als Gemeinde den Wusch bekommen hatten, Menschen zu dienen und ihre Not zu lindern, erlebten wir, dass viele eine Beziehung zu Christus fanden. Auf diese Weise vermeiden wir eine Schlacht der Gedanken und Worte und gelangen direkt zu ihren Herzen. Ich hatte kaum Erfolg, als ich versuchte, Menschen über den Kopf zu bekehren - Apologetik, Mitteilen von Fakten, Argumentieren -, aber einem Zeugnis von Herz zu Herz kann man nur schwer widerstehen. Wenn wir die Herzen der Leute ansprechen, umgehen wir ihre Verteidigungen.

In Anerkennung von Steve Sjogren erzähle ich einfach eine seiner Geschichten, die dies verdeutlichen:

> Als wir einmal eine „kostenlose Rasenpflege-Aktion" durchführten, war unsere Freundlichkeit der Schlüssel zum Herzen eines Mannes. Wir hatten einige Rasenmäher und Rechen auf einen Lastwagen geladen und fuhren damit durch die Stadt, bis wir irgendwo hohes Gras entdeckten. Dort hielten wir an, gingen zu dem entsprechenden Haus und klopften an die Tür, um diesem Mann zu sagen, was wir vorhatten.
> Er bellte nur: „Was wollt ihr?" Wir erklärten es ihm kurz, und ohne aufzusehen antwortete er nur: „Meinetwegen ..."
> Er saß regungslos vor seinem Fernseher und sah einem Baseball-Spiel zu. Wir mähten voller Begeisterung - manchmal nennen wir das in der Vineyard-Bewegung „Mähen in der Kraft des Geistes" (Power Mowing) - und waren nach etwa 30 Minuten fertig. Dann gaben wir ihm Bescheid, dass wir fertig waren, und fragten, ob wir für irgendwelche Nöte in seinem Leben beten könnten. Er sagte, er habe keine Nöte. Als wir schon gehen wollten, meinte einer der jungen Leute in der Gruppe, er sei sich sicher, dass dieser Mann große emotionale Probleme habe und dass wir darauf bestehen sollten, für ihn zu beten.

---

[1] Sjogren, Steve, *Servant Evangelism:* Opening Closed Hearts to God's Love, Equipping the Saints, Vol. 6, No 2, Spring, 1992. Sjogren ist Pastor der „Vineyard Christian Fellowship of Cincinnati North".

> Wir kehrten um und beteten ein einfaches kleines Gebet: „Komm, Heiliger Geist, und berühre die Not dieses Mannes, was auch immer es ist.“ Die Antwort kam prompt und überraschend - er brach in tiefes Schluchzen aus, packte sich die nächste Person im Kreis und tränkte dessen Schulter einige Minuten lang mit seinen Tränen. Als das Weinen weniger wurde, erzählte er uns, am Abend vorher sei sein Sohn verhaftet worden, weil er ein Auto gestohlen hatte, um seine Drogensucht zu finanzieren.
> An diesem Tag durchdrang die Gegenwart und Kraft Gottes auf spürbare Weise den Schmerz und die Einsamkeit dieses Mannes - weil wir bereit gewesen waren, ein bisschen Gras zu mähen.

Offensichtlich war dieser Mann kein Einzelfall. Denn Sjogren berichtet, „Mähen in der Kraft des Geistes" sei im Zeitraum von sechs Jahren nur eine von über 40 verschiedenen kreativen Aktionen gewesen, von denen die meisten „außerordentlich gut funktionierten, um uns in Kontakt mit Menschen zu bringen". So gut, dass in dieser relativ kurzen Zeit die Gemeinde von 35 Mitgliedern auf 1600 Gottesdienstbesucher an drei Sonntags-Gottesdiensten wuchs. Außerdem hatten sie in einer Gegend in Cincinnati, die als harter Boden betrachtet wurde, noch sechs weitere Gemeinschaften gegründet.

Werde ein Freund meiner Freunde

Die Idee der „dienenden Evangelisation" war Sjogren nicht einfach so zugefallen. Er war Jesus in der Erweckungsatmosphäre der Jesus-People-Bewegung in Südkalifornien begegnet, wo Evangelisieren leicht zu sein schien. „Wir witzelten, man müsse bei einem Treffen nur niesen und schon würde sich ein Dutzend bekehren."

Als Gott ihn ein Jahrzehnt später führte, in Cincinnati eine Gemeinde zu gründen, sagt Sjogren, „... dachten wir, wir könnten mit derselben Methode wie überall die gleiche Effektivität erreichen." Falsch.

„Während meiner ersten anderthalb Jahre in Cincinnati", schreibt er, „sprach ich mit etwa 1000 Menschen über meine Vision, eine Gemeinde zu gründen. Doch trotz dieses ganzen Einsatzes waren wir bei unserem ersten Sonntagsgottesdienst nur 35 Leute. Bei so viel Ablehnung nützt selbst ‚Positives Denken' nicht mehr. Wir hatten damals jeglichen Enthusiasmus für Evangelisation verloren. Das ‚E-Wort' zu erwähnen, machte uns Schuldgefühle und erinnerte uns an unser Versagen, die Stadt zu erreichen."

Als er sich ohne großen Erfolg abmühte, eine neue Gemeinde zu beginnen, wurde ihm mit der Zeit bewusst, dass es niemand gab, dem es im Leben wirklich gut ging. „Eines Tages ging ich zu einem Einkaufszentrum, um die Menschen zu beobachten", schreibt er. „Als ich einer Person nach der anderen ins Gesicht sah, merkte ich, dass fast alle ziemliche Probleme hatten. Jesus möchte sie gerne anrühren und ihre Schmerzen heilen. Irgendwie war es mein Job, da zu sein und diesen Leuten zu dienen. Aber wie? Ich bin zu schüchtern, um von Tür zu Tür zu gehen. Außerdem schienen die Leute skeptischer denn je zu sein. Schon mehrere hundert Leute hatten meine Einladung an sie, diese neue Gemeinde zu beginnen, abgelehnt."

Eines Tages dann, als er in einem Restaurant saß und gerade mal wieder eine Abfuhr bekommen hatte, als er jemand von seiner Vision, eine neue Gemeinde zu gründen, erzählt hatte, hatte er den Eindruck, der Herr sage zu ihm: *„Wenn du meinen Freunden ein Freund wirst, dann wirst du mehr Leute haben, als du verkraften kannst."*

Als er dann die Bibel studierte, mit welchen Leuten – seinen Freunden – Jesus seinen kurzen Dienst verbracht hatte, begann er etwas Neues zu sehen. „Obwohl Jesus alle liebte", entdeckte er, „genoss er es offensichtlich, den größeren Teil seiner Zeit mit drei Typen von Menschen zu verbringen: den *Armen,* den *Kranken* und den *Verlorenen.* Selbst die Apostel kamen aus dem ärmeren Teil der Gesellschaft, aus Galiläa, dem Teil Israels, in dem es die größten Nöte gab.

Ich begann diejenigen, die litten – sei es aufgrund falsch getroffener Entscheidungen, aufgrund von Ablehnung oder weil sie in einer gefallenen Welt leben, die wenig von Gottes Annahme, Vergebung und Liebe weiß –, als die Freunde Jesu zu sehen.

„Freundlichkeit führt zur Umkehr"

Sjogren schreibt:

> Taten der Freundlichkeit und Liebe geben uns einen Zugang zu den Herzen der Menschen. Wir tun das, was ihre Not lindert und sie fragen lässt: ‚Warum tust du das für mich?' Die liebende oder dienende Tat ist der anfängliche Samen, der in die Herzen der Menschen gepflanzt wird. Während wir den Menschen dienen, erzählen wir ihnen von Gottes Liebe. Je nach Offenheit sprechen wir mit ihnen über das Evangelium. Dann, nach einer gewissen Zeit, die vom Einzelnen abhängt, beginnt der Heilige Geist an den Herzen dieser Suchenden zu arbeiten.

Mit der Zeit merkte Sjogren, um es mit den Worten von Pastor Ken zu sagen, dass Evangelisation bedeutet, (jegliche Art von) Menschen einfach um der Liebe willen zu lieben. Sjogren weiter:

> Paulus gibt diesen Gedanken in Römer 2,4 wieder: *„... es ist die Freundlichkeit (Güte) Gottes, die zur Umkehr führt."* Freundlichkeit ist ein Schlüssel, der Herzen öffnet. Dieser Ansatz der Evangelisation legt die Last auf Gott statt auf die Menschen oder ein Programm ... Ich habe gemerkt, dass Menschen Schuldgefühle bekommen, wenn man ihnen Druck macht zu evangelisieren. Wir entscheiden uns, Spaß zu haben, wenn wir hinausgehen und den Menschen dienen, und überlassen die Ergebnisse Gott."

Wenden Sie dies nun auf Ihre Nachbarschaft an

Wie Sie an dem Beispiel des Rasenmähens sehen, dreht sich Sjogrens Konzept des „dienenden Helfens" um kleine Gruppen von Leuten aus der Gemeinde, die sich auf den Weg machen, zu bestimmten Zeiten und Tagen bestimmte Aufgaben auszuführen. Dies ist klar ein „Geh"-Ansatz, und es würde mich begeistern, wenn 375 000 amerikanische Gemeinden dies nachahmen würden. Wie wäre es, wenn jede Gemeinde einen Kreis von drei bis fünf Kilometer um ihr Gemeindegebäude ziehen würde und dann als Teil eines gut durchdachten Plans innerhalb dieses Kreises regelmäßig und systematisch gewisse kreative Dienste durchführte?

Welch einen Unterschied würde dies in unserer Vorstellung von Evangelisation machen! Statt dass unsere Mitglieder die konfrontative Evangelisation ablehnten, weil es nicht ihre Sache ist, würden wir erleben, dass viele von ihnen fröhlich anfangen würden, ihren Glauben weiterzugeben.

Wie sehr würde sich das Bild der Kirche in den Augen der Außenstehenden ändern! Erinnern Sie sich an die Statistik, dass 90 Prozent der Bevölkerung zwar Jesus mag, dass aber nur 40 Prozent die Christen mögen? Wir könnten diese Lücke auf drastische Weise schließen!

Jetzt wollen wir einen Schritt weiter bzw. tiefer gehen. Wenden wir nun dieselben Prinzipien auf jeden einzelnen Gläubigen an, der seine Nachbarn erreichen will – und zwar nicht als Teil eines Gemeindeprogramms, nicht nur einmal im Jahr bei einer evangelistischen Aktion und auch nicht nur, wenn der Pastor seine Leute zu organisieren versucht.

Wer ist mein Nächster?

Einige werden sich herauszureden versuchen, indem sie sich auf die Geschichte mit dem barmherzigen Samariter beziehen, und sagen: „Mein Nächster ist die notleidende Person, die mir begegnet." Andere werden der Meinung eines der Mitglieder unseres Seminars „Ansteckendes Christsein" sein und erklären: „Meine Nächsten sind diejenigen, mit denen ich jeden Tag im Büro zu tun habe."

Gut und schön – in beiden Fällen. Arbeitskollegen, Familienmitglieder, Freunde, Schulkameraden und andere, mit denen wir aufgrund der Umstände in Beziehung stehen, sind unsere Nächsten. Wir tragen für sie Verantwortung. Sie haben Nöte, um die wir uns kümmern müssen. Diese könnten wir als unsere „beziehungsmäßigen Nächsten" bezeichnen.

Aber die Menschen, die um uns herum wohnen, haben ebenfalls Nöte – jeder Einzelne. Woher kommen die Christen, die ihren Nöten begegnen, wenn wir es nicht tun? Sie sind unsere „geografischen Nächsten".

Sowohl unsere beziehungsmäßigen als auch unsere geografischen Nächsten sind von Gott geliebte Menschen. Es sind Menschen, die wir ebenso sehr lieben sollen wie uns selbst. Ich wünschte, ich hätte nicht so lange gewartet, das zu lernen – und anzuwenden.

„Wer ist mein Nächster?", fragt Pastor Ken. „Jeder, den wir um der Liebe willen lieben können."

Wir werden eine Nachbarschaft!

An dem Tag, an dem Lyn (hauptsächlich) und ich 42 Nachbarn zu unserem ersten Brunch einluden, war ich wirklich erstaunt. Die meisten von ihnen kamen! Und all diesen schien es zu gefallen!

Wir machten keine große Sache daraus. Beim Hereinkommen grüßten wir jeden persönlich. Wir hatten Namensschilder vorbereitet, da die anderen auch nicht mehr Kontakt untereinander hatten als Lyn oder ich. Wir redeten ein bisschen und kamen dann zum Essen zusammen.

Nach ein paar witzigen Bemerkungen sagte ich: „Lyn und ich haben die Gewohnheit, vor dem Essen ein Gebet zu sprechen; ich hoffe, es macht Ihnen nichts aus, wenn ich das heute tue." Das Gebet war einfach und kurz. Ich dankte Gott für unsere Nation (es war der Unabhängigkeitstag) und bat ihn, jeden unserer Nachbarn zu segnen, zu schützen und ihre Träume zu erfüllen; und ich dankte für die reichliche Versorgung aller unserer Bedürfnisse einschließlich des Essens, das wir zu uns nehmen wollten. Überraschenderweise stimmten einige Nachbarn in ein herzliches „Amen" ein.

Dann saßen die etwa zwei Dutzend Nachbarn einfach in kleinen Gruppen herum, aßen und machten sich miteinander bekannt. Es überraschte mich auch, dass sie mehrere Stunden dablieben; ein sicheres Zeichen dafür, dass sie eine gute Zeit miteinander hatten.

Alle gingen mit einem herzlichen Lächeln und einem Dankeschön. Ein Nachbar war so begeistert, dass er später in jedes Haus ging und eine Liste mit allen Namen sowie den Haus- und Telefonnummern aller fünfzehn Haushalte zusammenstellte. Er druckte sie auf seinem Computer aus und verteilte sie an alle Nachbarn. Beim nächsten Feiertag veranstaltete er zusammen mit einem anderen Nachbarn sein eigenes Grillfest.

Nach drei Jahren sind die Nachbarschaftstreffen nun zu einer Tradition geworden. Wir veranstalten jährlich an drei Feiertagen ein Fest. „Wegen euch werden wir zu einer echten Nachbarschaft", hören wir viele sagen.

Viele Wege, Kontakte zu knüpfen

Das sind die jährlichen Ereignisse, aber wir versuchen mit den Nachbarn auf jede mögliche Weise, Kontakte zu knüpfen. Als eines der Ehepaare nach zehn Jahren des Wartens sein erstes Kind bekam, veranstaltete Lyn für sie eine Überraschungsparty. Wir machen das für Verwandte, Freunde und Leute aus der Gemeinde – warum sollten wir es nicht für unsere Nachbarn tun? Letztes Weihnachten lud Lyn die Frauen zu einem Nachbarschaftstee ein. Ein Volltreffer!

Ein anderes Mal machte Lyn zum Muttertag kleine Geschenke für die Frauen unserer Mitarbeiter und dachte dann, sie könnte das doch auch für all die Mütter in der Nachbarschaft tun. Sie waren erstaunt. Sie waren begeistert!

Nachdem wir unser kleines sonntägliches Nachbarschaftstreffen begonnen hatten (mehr darüber in Kapitel 7), schlug jemand aus der Gruppe vor, wir könnten doch am Weihnachtsabend den Nachbarn einige Weihnachtslieder singen. Ein anderer schlug vor, wir könnten einen Preis für das am besten dekorierte Haus vergeben. Auch das kam gut an. Durch eine Reihe von Umständen, die ich jetzt nicht näher erläutern möchte, konnte ich sogar eine Nachbarin vor einer 90-tägigen Gefängnisstrafe bewahren. Können Sie sich vorstellen, dass das Auswirkungen hätte?

Dann gibt es natürlich noch all die kleinen Dinge, die sich im Alltag so ergeben. Wir haben schon auf Hunde aufgepasst oder uns um die Post und die Zeitung gekümmert, während andere Familien im Urlaub waren. Ab und zu laden wir Ehepaare zum Essen ein. Lyn ruft an, wenn sie hört, dass jemand krank ist. Einmal überraschte ich eine arbeitende, alleinerziehende Mutter von nebenan damit, dass ich ihre sehr steile Garageneinfahrt vom Schnee befreite, als sie zur Arbeit fahren wollte. Lyn brachte Leuten, die neu einzogen, Kuchen oder ein warmes Essen. Wir leihen oder verleihen Lebensmittel und Werkzeuge und geben den Kindern die Möglichkeit, durch kleine Arbeiten etwas Geld zu verdienen. Auf meinem Weg ins Büro nehme ich jeden Tag die Tochter einer arbeitenden Mutter zur Schule mit und helfe ihr gelegentlich bei ihren Mathematik-Hausaufgaben. Wir verpassen keine privaten Flohmärkte oder Tupperware-Partys und kaufen immer etwas, auch wenn es nur etwas Kleines ist.

Und so weiter und so weiter. Wenn man einmal anfängt, nach Möglichkeiten zu suchen, mit den Nachbarn in Kontakt zu kommen – den Nächsten zu lieben –, dann findet man immer etwas. Das sind Kleinigkeiten, aber der Herr sagte, dass sogar ein Glas kaltes Wasser in seinem Namen seine Belohnung haben wird (vgl. Mt 10,42). Wieso sollten wir uns das entgehen lassen?

All das tun wir ja einfach nur, um unsere Nachbarn zu lieben – ohne Haken, ohne Bibelverse zu zitieren und ohne die „Vier Geistlichen Gesetze" – einfach eine praktische und konkrete Liebe. Wir hören solche Bemerkungen wie: „Wir sind so froh, Nachbarn wie euch zu haben." „Du bist der Einzige in meinem Leben, der sich wirklich um mich kümmert." „Wir sehen euch als unsere Nachbarschafts-Großeltern." Eine unverheiratete Mutter im Teenageralter sagte: „Der einzige Platz, an dem ich zur Ruhe komme, ist bei euch." Und so etwas sagen sie über ein langweiliges, altes, konservativ-evangelikales Ehepaar!

Dann bin ich halt eifersüchtig!

Möchten wir, dass unsere Nachbarn den Herrn kennenlernen? Hundertprozentig! Warum geben Lyn und ich ihnen dann kein Zeugnis? Als ich auf einer Sitzung mit zehn Leitern die Möglichkeit einer landesweiten Bewegung diskutierte, hörte ich mehrere Zeugnisse, die mir zu Herzen gingen. Man könnte sie so zusammenfassen: Ein Mann betete sechs Monate lang jeden Tag für alle seine Nachbarn. Dann begann er, sie zu Hausbibelkreisen einzuladen. Innerhalb von vier Wochen wurden drei Gruppen gestartet, und 26 Männer bekehrten sich.

Ich war gesegnet, herausgefordert – und *eifersüchtig!* So etwas, wie dies, war mir noch nie passiert! Es war entmutigend! Als ich das bekannte und darüber nachdachte, merkte ich jedoch, dass ich meiner eigenen Botschaft nicht zuhörte bzw. der von Pastor Ken,

Steve Sjogren oder Pastor Rob. Was wir nämlich *nicht* sagen wollen, ist, dass in Amerika jeder Christ in seiner Nachbarschaft eine Hauskirche beginnen sollte. (Ich sage Amerika, da sich in anderen Teilen der Welt gezeigt hat, dass so gut wie *jeder* eine christliche Zelle in seinem Haus beginnen kann. Hier jedoch sind die Gläubigen für so etwas noch nicht bereit und vielleicht ist es in unserem Land wirklich *nicht* möglich – noch nicht.)

Warum geben Lyn und ich nicht Zeugnis? Ich glaube, dass wir es tun. Ich glaube, dass wir es auf natürliche, stressfreie Art, entsprechend dem uns von Jesus vorgelebten Beispiel tun. (Das werden wir im nächsten Kapitel näher ansehen.)

Was Gott aber uns und vielen anderen aufs Herz gelegt hat, ist, dass jeder Gläubige mit seinen buchstäblichen Nachbarn Kontakte knüpfen kann und sollte, aber das Ergebnis Gott überlassen sollte! Weil ich kein begabter Fürbitter bin, heißt das noch lange nicht, dass ich nicht beten sollte. Dass ich nicht reich bin und die Gabe des Gebens habe, heißt nicht, dass ich nicht einen Teil meines Einkommens spenden sollte. Dass ich kein Griechisch und Hebräisch gelernt habe, bedeutet nicht, dass ich nicht die Bibel lesen sollte.

Genauso gilt: Weil ich kein junger, energetischer Extrovertierter mit einer dynamischen Evangelisationsgabe bin, ist das kein Grund dafür, mich nicht um andere zu kümmern. „Liebe deinen Nächsten" – auf echte, konkrete Weise – ist uns allen gesagt, unabhängig von den Ergebnissen. Es ist in der Tat höchste Zeit, dass wir wieder mit der Welt in Verbindung kommen.

Drei „geistliche Ziele" für Fußballspieler

„Als ich letzte Woche in einem kleinen Restaurant zu Mittag aß", erzählte Pastor Ken seiner Gemeinde in seiner ersten „Liebe-deinen-Nächsten"-Predigt, „erzählte mir Dave Johnson eine Geschichte, die mein Leben veränderte." Die Geschichte ging so:

> Dave, der heute einen internationalen Radiodienst leitet, ist ein begeisterter Fußballspieler. Er spielte in der Schule, an der Universität und sogar mit den Profifußballern, und zeitweise war er auch Manager einer Profi-Fußballmannschaft.

Einen Teil seines Dienstes übte er bei „Athleten in Aktion", einem Dienst von „Campus für Christus" aus. Sie stellten Mannschaften zusammen, reisten im Land umher und auch in andere Länder, um - mit Daves Worten - „guten Fußball zu spielen und es den Gegnern zu zeigen". Wenn sie die Gegner dann haushoch geschlagen hatten, riefen sie alle gegnerischen Spieler zusammen, um ihnen von Christus zu erzählen.
Etwas bereitete Dave dabei Probleme. „Weißt du", sagte er, „es kamen dabei keine Leute zum Glauben; es gab keine persönliche Reaktion." So setzte er sich eines Tages mit seinen Spielern zusammen und sagte: „Jungs, ab heute werden wir das anders machen. Ich habe drei geistliche Ziele für euch."
„Ziel Nummer eins ist: Wenn ihr aufs Spielfeld geht, dann möchte ich, dass ihr den Vornamen eures Gegenspielers kennenlernt." Sie entspannten sich. Das war kein Problem. „Aber", fragten sie sich, „was sind wohl die nächsten beiden Punkte?"
„Ziel Nummer zwei", sagte Dave, „ist: Ich möchte, dass, egal, wie unfair ein Gegner spielt, ihr etwas findet, wofür ihr ihm ein Kompliment machen könnt. Jeder, der nach dem Bild Gottes geschaffen ist, ist etwas Besonderes. Macht also im Laufe des Spiels eurem Gegenspieler ein Kompliment, selbst wenn er euch nicht leiden kann."
„Auch *das* können wir", sagten die Jungs untereinander. „Aber jetzt sind wir gespannt, ob das Dritte der *Hammer* ist."
„Nun zum geistlichen Ziel Nummer drei", sagte Dave. „Ihr wisst, dass wir nach dem Spiel diesen großen Kübel mit den eisgekühlten Erfrischungsgetränken haben. Ab heute möchte ich, dass ihr euch zwei Flaschen nehmt, statt nur einer Flasche für euch, die ihr an der Seitenlinie trinkt. Eine ist für euch und die andere für den Gegenspieler. Mit diesen beiden Flaschen geht ihr dann über das Feld und setzt euch zu der Person, deren Name ihr kennt und der ihr ein Kompliment gemacht habt, um mit ihr dieses Getränk zu trinken."

„Das war der Wendepunkt in unserem Dienst", erzählte Dave Pastor Ken. „Sofort kamen die Jungs zu mir und sagten: ‚Mann! Du glaubst nicht, worüber wir geredet haben.' Und dann berichtete einer nach dem anderen, dass die Leute Christus aufgenommen hatten."

Geh hin und tue das Gleiche

Warum sollten wir auf diese Weise nicht auch den Menschen begegnen, an deren Seite uns Gott für längere Zeit gestellt hat – nicht nur denen, die wir einmal und dann wahrscheinlich nie wieder sehen? Pastor Ken zu seiner Gemeinde (und auch zu allen anderen Gemeinden auf der Welt):

> Folgendes möchte ich von euch. Ich möchte, dass ihr in dieser Woche einen Gebetsspaziergang um eure Nachbarschaft macht. Diejenigen unter euch, die nicht gehen können, können sich in ihrem Haus oder ihrer Wohnung einfach an den Punkt mit der besten Aussicht über die Nachbarschaft stellen. Wenn ihr dann buchstäblich oder im übertragenen Sinn durch die Nachbarschaft spaziert, möchte ich, dass ihr Gott ernsthaft fragt, welche Haushalte es sind, für die ihr beten, um die ihr euch kümmern und mit denen ihr euer Leben teilen sollt. Bittet Gott, dass er euch sagt, wie viele Haushalte ihr für den Herrn Jesus Christus adoptieren sollt. Sind es vier, acht oder zehn Haushalte um euch herum?
>
> Dann befolgt ihr drei geistliche Ziele, wie es Sandy und ich in unserer Nachbarschaft tun. Bei „Athleten in Aktion" veränderten drei „geistliche Ziele" ihren Dienst, und ähnliche Ziele können auch unsere Gemeinde und die Kirchen unseres Landes verwandeln. Sie können buchstäblich Erweckung nach Amerika bringen. Das Erste ist, dass wir die Namen der Leute kennenlernen. Als Zweites suchen wir nach einer Gelegenheit, diesen Leuten ein Kompliment zu machen, weil sie spezielle Schöpfungen Gottes sind. Drittens werden wir unser „Erfrischungsgetränk" mit dieser Person bzw. diesen Personen teilen - vielleicht bei euch oder bei ihnen, vielleicht durch ein Grillfest auf eurer Terrasse oder durch einen Teller mit Keksen, den ihr über die Straße bringt.
>
> Das Thema meiner Predigt heute ist: „Liebe deinen Nächsten." Das ist nur ein Aufhänger für das, was wir tun werden. Wir werden unsere Nachbarn zu Christus hinlieben. Vorerst braucht ihr die „Vier Geistlichen Gesetze" nicht zu kennen. Wir müssen eine Beziehung zu Jesus haben, um etwas weitergeben zu können. Denn Zeuge zu sein heißt letztlich, zu erzählen, was wir erlebt, gesehen und gehört haben. Ihr braucht eine lebendige Beziehung zu Gott, eine Liebesbeziehung. Das ist alles, was ihr braucht.
>
> Wenn ihr das ernst meint, dann kommt nächste Woche zurück, um euch zu verpflichten, in eurer Straße ein Leuchthaus für Jesus zu sein. Wenn wir andere um der Liebe willen lieben, dann wird Gott uns zusammenbringen und sich darüber freuen, dass er Menschen durch uns erreicht. Wir werden dieses ge-

> meinsame Ziel haben, das uns zu einer Gemeinschaft verbinden wird, die stärker ist, als es diese Gemeinde je erlebt hat; ich weiß es. Wir werden dann zusammen ein echtes Team sein. Nicht nur ein Team, das sich gegenseitig auf die Schulter klopft, sondern ein Team, das sagt: „Toll! Seht nur, was Gott durch dieses gemeinsame Ziel tut."

Schluss mit den Tricks

Pastor Rob, den wir schon kennengelernt haben, beendete eine seiner Predigten mit den folgenden Worten:

> Ich möchte uns heute Morgen auf zweierlei Weise herausfordern. Wir wollen eine Gemeinde sein, die hungrig ist nach Gott. Wir wollen nicht so bequem werden, dass wir denken, Kirche sei nur ein nettes Ritual. Wir wollen eine Gemeinde sein, die hungrig nach Gott und nach seiner Salbung in unserem Leben ist.
>
> Wir wollen aber auch sensibel sein für die Schreie verzweifelter Menschen um uns herum: wo wir arbeiten, wo wir zur Schule gehen, wo wir wohnen; im Lebensmittelladen, in unserem Lieblingsrestaurant. Ich sage euch, es gibt dort Leute, die verletzt sind. Überall um uns herum gibt es verzweifelte Hilfeschreie.

Wie schon früher erwähnt, geht es in diesem Buch nicht um Gemeindewachstum. Wir haben alle Tricks und Spielereien versucht, die wir kennen, und es hat, insgesamt gesehen, nicht viel gebracht.

Lassen Sie es uns mit Gehorsam versuchen:

> *Du sollst den Herrn, deinen Gott, lieben aus deinem ganzen Herzen und aus deiner ganzen Seele und aus deinem ganzen Verstand und aus deiner ganzen Kraft ... Du sollst deinen Nächsten lieben wie dich selbst. Größer als diese ist kein anderes Gebot* (Mk 12,30).
>
> *Geht nun hin und macht alle Nationen zu Jüngern* (Mt 28,19).

TEIL IV

Weitersagen

KAPITEL 4

Schluss mit der Brachial-Methode!

Meinen Nächsten ohne Hintergedanken zu lieben – das ist die richtige Haltung. Werde ich immer wieder daran erinnert, dann kann ich das tun.

Für meine Nachbarn regelmäßig, namentlich und im Wissen um ihre persönlichen Umstände zu beten – dazu braucht es einen gewissen Einsatz, aber es ist das Mindeste, was ich tun kann. Es ist richtig, das zu tun.

Mich wirklich um meine Nachbarn kümmern – ui! Da wird sich meine Einstellung ändern müssen. Es wird einige Zeit dauern und einiges an Einsatz kosten. Ich werde mit der alten Gewohnheit brechen müssen, jeden Tag nur an ihnen vorbeizugehen oder vorbeizufahren (wie der Priester und der Levit, die auf der Straße nach Jericho an dem geschundenen Reisenden vorbeigingen). Ich werde mich bewusst dazu entschließen müssen, Kontakte zu knüpfen und nach praktischen Wegen zu suchen, um zu zeigen, dass ich mich tatsächlich um sie und ihre Nöte kümmere.

Aber ihnen das Evangelium weitersagen? Ihnen sagen, wie sie gerettet werden können? Ihnen Zeugnis geben? Ist das nicht zu viel verlangt?

Ich befürchte, dass das beißende Zitat von Rebecca Pippert in Steve Sjogrens „Faszination der Freundlichkeit" nicht übertrieben ist: „Christen und Nichtchristen haben eines gemeinsam: Beide hassen das Evangelisieren."[1]

Vor kurzem sagte eine anständige Christin in unserer Gemeinde: „Evangelisieren ist nicht mein Ding. Es fällt mir nicht leicht, Leute festzunageln." Den meisten von uns geht es wie ihr. Wir fühlen uns nicht wohl dabei, ein Gespräch über Jesus Christus zu beginnen, und den Nichtchristen geht es genauso. Deshalb erzählen wir nicht viel über unseren Glauben.

Vielleicht hängt das teilweise mit einer „Brachial-Mentalität" zusammen, die mit den Jahren aufgekommen ist. Möglicherweise verbinden wir unbewusst das persönliche Zeugnisgeben damit, bei jeder Gelegenheit die „Vier Geistlichen Gesetze" oder etwas Ähnliches zu erklären und Menschen dazu zu bringen, auf der Stelle ein „Lebensübergabegebet" zu sprechen.

Wie sieht das aus Sicht der Welt aus? Bill O'Reilly, ein bekannter amerikanischer Fernsehsprecher, gibt uns da einen wichtigen Hinweis. Er spricht sicher für viele, wenn er über die Christen, die eine „Beziehung" zu ihm haben wollen, sagt: „Dieses Wort wird von Menschen benutzt, die ‚Zeugnis geben' wollen, wenn ich möchte, dass sie aus meinem Blickfeld verschwinden."[2]

Nein, es ist an der Zeit, dass diese „Brachial-Mentalität" verschwindet. Die meisten Christen sind dafür nicht begabt, und die meisten Nichtchristen werden davon abgestoßen.

Die Methode Jesu

Schließlich entspricht diese Methode ja auch nicht dem Beispiel Jesu. Wenn es je eine Zeit in seinem Leben gab, in der die „Brachial-Methode" nötig gewesen wäre, dann sicherlich damals, als er am Kreuz hing. Jesus wusste, dass die beiden Männer links und rechts von ihm in wenigen Stunden tot sein würden. Auch sie wussten es. Es war sozusagen ein „Jetzt oder nie!" Aber mit keinem von beiden *begann* Jesus ein Gespräch über ihr Schicksal in

[1] Sjogren, Steve, *Conspiracy of Kindness,* Servant Publications, Ann Arbor, MI, 1993, S. 50 (dt.: „Faszination der Freundlichkeit", Wiesbaden, 1997).
[2] *The O'Reilly Factor,* New York, Broadway Books, 2000, S. 85.

der Ewigkeit. Auf den einen, der ihn anerkannte, ging er ein, aber zu dem anderen sagte er nichts.

Das war in der Tat seine Methode, wie er Einzelnen diente. *Nie* in all den berichteten Kontakten, die Jesus zu Einzelnen hatte, die nicht zu seinen zwölf auserwählten Jüngern gehörten, sehen wir ihn die Brachial-Methode anwenden. Wir können eher beobachten, dass er auf Menschen *eingeht,* die Interesse an geistlichen Dingen zu erkennen geben. Das stimmt auch mit Petrus überein, der seine Jünger ermutigte, bereit zu sein, jedem, der fragt, *Antwort* zu geben. Dies sollte übrigens mit Sanftmut und Respekt geschehen (vgl. 1 Petr 3,15).

Es war natürlich kein passives Warten, kein Zu-Hause-Sitzen, bis jemand an der Tür klingelte und um geistlichen Rat fragte. Auch waren es keine Frontalangriffe, die sich in unsere Vorstellung vom „Zeugnisgeben" eingeschlichen haben und vor denen wir so heftig zurückschrecken. Jesu Vorgehensweise habe ich die „NA-Methode" genannt. Das heißt, zuerst erweckte er durch sein Reden und Tun Neugier, und dann antwortete er auf Fragen. In der modernen Verkaufssprache könnten wir sagen, er schuf eine Nachfrage für das, was er anzubieten hatte. Dies tat er nicht durch Tricks und Betrügereien, sondern durch sein Leben und Reden.

Nur wenn Einzelne das „Produkt" haben wollten, sprach er mit ihnen über ihren geistlichen Zustand. Wie er selbst am Ende des großen Fastens ausrief: „Ist jemand *durstig, so komme* er und trinke."

Die Leute hörten ihn gerne

Jesus stellte klar: *„Wie du mich in die Welt gesandt hast, habe auch ich sie in die Welt gesandt"* (Joh 17,18). Wenn wir wieder seinen Wegen folgen, mit unseren Nachbarn und Bekannten echte Beziehungen einzugehen, werden wir feststellen, dass der Druck und die Schuldgefühle aus unserer Vorstellung, wie wir den Glauben weiterzugeben hätten, verschwinden werden. Ich glaube, dass wir dann mit der Zeit ähnliche Ergebnisse wie unser Herr und seine ersten Jünger haben werden:

- Markus 12,37 sagt: *„Und die große Volksmenge **hörte ihn gern.**"*
- Apostelgeschichte 2,42-47 berichtet uns, dass sich die 3000 Neubekehrten von Pfingsten der Lehre der Apostel widmeten: *„... und hatten **Gunst** beim ganzen Volk. Der Herr aber **tat täglich hinzu,** die gerettet werden sollten."*
- In Apostelgeschichte 15,13-15 lesen wir: *„... doch das Volk **rühmte sie.**"*
- In Apostelgeschichte 5,26 sehen wir, dass der Hauptmann und seine Diener nicht mit Gewalt gegen die Jünger vorgingen, denn: *„... sie fürchteten das Volk, sie könnten gesteinigt werden."*
- Die Folge des Dienstes von Philippus war: *Und es war **große Freude** in jener Stadt* (Apg 8,8).

Da hast du's!

Offensichtlich reagierte nicht jeder positiv auf Jesus. Die meisten religiösen Leiter, die viel zu verlieren hatten, hassten ihn und ließen ihn schließlich töten. Das Evangelium sagt: *„Denn jeder, der Arges tut, hasst das Licht und kommt nicht zu dem Licht, damit seine Werke nicht bloßgestellt werden"* (Joh 3,20).

Für solche Leute hatte Jesus einige sehr harte Worte übrig: *„Gebt nicht das Heilige den Hunden; werft auch nicht eure Perlen vor die Schweine"* (Mt 7,6).

Einmal erzählte mir ein Freund über einen Vorfall, als er beim Militär war. Er war häufig verlacht worden, weil er seine Bibel gelesen und sich nicht an den „Vergnügungen" der Soldaten beteiligt hatte. Eines Tages kamen ein paar von ihnen auf ihn zu und fragten ihn – als guten Witz –, wie man gerettet werden könne.

„Ich werde es euch nicht sagen", sagte er, „weil ihr es ja gar nicht wissen wollt."

Da er ihnen den Spaß verdorben hatte, zogen sie sich zurück. Einer von ihnen kam jedoch später wieder und fragte in aller Ernsthaftigkeit, was es mit dem Christsein auf sich habe. Klugerweise hatte mein Freund mit denen, die ihn verspotten wollten, nicht über die kostbare Gute Nachricht argumentiert bzw. sie ihnen erklärt, aber dann konnte er ohne Probleme dem ernsthaft Suchenden Zeugnis geben.

In einer ähnlichen Situation brachte eine junge Mutter, die an unserem Seminar über „ansteckendes Christsein" teilgenommen hatte, einer neuen Nachbarin einen Kuchen. Die Reaktion war alles andere als angenehm. Der Kuchen wurde abgewiesen mit der schrillen Bemerkung: „Ihr Leute versucht uns doch ständig etwas aufzudrücken."

Trotz unserer besten Absichten und freundlichsten Taten werden uns manche vehement ablehnen, wie diese arme Frau, die zweifellos voll tiefer Ängste und Unsicherheiten steckte. Wir stehen nicht über unserem Herrn. Wenn sie ihn ohne Grund hassten, dann wird es uns manchmal auch nicht anders ergehen.

Trotzdem möchte der Herr Jesus, dass *„der Geruch seiner Erkenntnis an jedem Ort durch uns offenbart wird"* (2 Kor 2,14). Unser Ziel beim Zeugnisgeben ist nicht, die Argumente der Unerretteten zu widerlegen oder ihre Sünde zu verurteilen, sondern sie für Christus zu *gewinnen.* Die junge Hausfrau tat das Richtige, als sie der neuen Nachbarin einen Kuchen brachte. Deren Reaktion war nicht ihr Problem und sollte keine Ausrede dafür sein, die Nachbarin nicht mehr zu lieben.

Die seltene Ausnahme

Es stimmt, dass wir in der westlichen Welt nur in sehr seltenen Fällen mit Menschen in Kontakt kommen, die genau zu diesem Zeitpunkt bereit sind, den Herrn aufzunehmen.

So erging es vor einigen Jahren einem Jugendleiter, der mit sich selbst sehr unzufrieden war, weil er den Nichtchristen nie Zeugnis gegeben hatte. Eines Morgens zwang er sich in seiner Andachtszeit dazu, dem Herrn zu versprechen, der ersten Person, die er an diesem Tag treffen werde, Zeugnis zu geben.

Wie sich dann herausstellte, war die erste Person, die er auf seinem Weg zum Büro sah, ein Anhalter. Entschlossen, sein Versprechen zu halten, fuhr er an die Seite und öffnete diesem jungen Mann die Tür. Da er Angst hatte, den Mut zu verlieren, wenn er nicht sofort zur Sache käme, patzte er heraus: „Sie sind doch nicht etwa daran interessiert, über Gott zu reden?" Zur Überraschung des Jugendleiters blickte ihn der Anhalter an und sagte: „Doch. Ich bin verzweifelt auf der Suche nach jemand, der mir sagt, wie man Gott kennenlernen kann."

Es gibt ein paar Gebiete auf der Welt, wo eine große Zahl von Menschen fast so bereit ist wie dieser junge Mann. Als ich vor einigen Jahren mit meiner Frau in Guatemala lebte, schien das der Fall zu sein. Christen erzählten uns, dass sie sehr häufig, wenn sie jemand fragten, ob er ein Evangelikaler sei, die Antwort erhielten: „Noch nicht."

Fast alle schienen in diese Richtung zu tendieren. Etwa fünfzehn Jahre später fand eine säkulare Forschungsorganisation tatsächlich heraus, dass 42 Prozent der Bevölkerung mittlerweile Mitglieder evangelikaler Gemeinden waren und dass weitere 30 Prozent sich als evangelikale Sympathisanten bezeichneten. 72 Prozent Evangelikale in einer Nation, die als römisch-katholisch angesehen wurde!

Was für den Anhalter damals galt und heute für ganze Landstriche in Afrika und Lateinamerika gilt – China und eine Anzahl anderer Länder nicht zu vergessen –, scheint in der westlichen Welt nicht der Fall zu sein. Bei uns haben Ungläubige nicht gern, wenn man ihnen direkt und unverhohlen Zeugnis gibt. Selbst die Christen, die fälschlicherweise glauben, beim Zeugnisgeben müsse man genau so vorgehen, hassen den Gedanken an solche Konfrontationen.

Ist Gott wieder da?

Damit möchte ich *nicht sagen,* Amerikaner seien nicht geistlich interessiert, denn viele Studien beweisen das genaue Gegenteil. Auf einer christlichen Internet-Seite war zum Beispiel diese Nachricht zu finden:

> In den sechziger Jahren stellte das „Time"-Magazin die berühmte Frage: „Ist Gott tot?" Heute wundert sich der „US News and World Report": „Ist Gott wieder da?" Das Wochenmagazin sagt: „Zeichen für eine Veränderung gibt es überall." Es berichtet, dass religiöse Romane in den säkularen Buchhandel eindringen und dass die christliche Rock- und Gospel-Musik in den letzten Jahren ihren Verkauf um 75 Prozent steigern konnte. Das bedeutet, dass diese

Szene jetzt mehr verkauft als die klassische und die Jazz-Musik zusammen. Außerdem sprechen Prominente öffentlich über ihre religiösen Ansichten, und für Politiker wurde es obligatorisch, die Bibel als ihr Lieblingsbuch zu bezeichnen. „All dies spricht dafür, dass das Land mitten in einem geistlichen Erwachen sein könnte", sagt das Magazin „oder dass wir möglicherweise *kurz davor stehen.*"

Diese Hinweise dafür, dass Amerikaner wieder an geistlichen Dingen interessiert sind, bedeuten nicht, Evangelisation sei einfach geworden, und sicher auch nicht, dass die „Brachial-Methode" etwas anderes als sofortige Ablehnung nach sich zieht. Wir müssen Wege finden, wie wir jeden Gläubigen wieder in die Lage versetzen, dass er Kontakte knüpfen, Zeugnis geben und evangelisieren kann.

Menschen sind Gott wichtig …

Zuerst müssen wir die Wahrheit wieder aufleben lassen, dass Gott sich auf unglaubliche Weise um jeden Einzelnen kümmert. Wie es Bill Hybels von der „Willow Creek Community Church" in Chicago in einer Video-Präsentation sagt: „Jeder unserer Nachbarn ist unendlich wichtig. Jeder ist für Gott von großer Bedeutung. Es wurde ein Preis für ihn bezahlt. Ein Suchtrupp ist unterwegs und sucht nach ihm. Es wird ein Fest veranstaltet werden, wenn er sein Vertrauen auf Christus setzt."

Hybels sagt, deshalb sei trotzdem kein direktes Zeugnisgeben gefragt. „Dadurch kommt eine Menge Gnade und Liebe in etwas hinein, was traditionell zu einer Art mechanischer Sache wurde", sagt er. „Ich glaube, dass viele Leute vor dem Evangelisieren zurückschrecken, weil sie meinen, sie müssten eine Formel lernen. Sie glauben, sie müssten jemanden zwingen, etwas zu tun, was er nicht will."

Das starke Wachstum von „Willow Creek" rührt zum größten Teil daher, dass sie einen Schwerpunkt darauf legen, dass ihre Mitglieder zu „ansteckenden Christen" werden, wie Hybels es sagt. Mit Hilfe von Predigten, Kassetten, Büchern, Schulungen und vielen anderen Hilfsmitteln haben sie eine Atmosphäre geschaffen, in der die Mitglieder ihr Leben vor den Ungläubigen so führen, dass sie zum Retter hingezogen werden. Es geht hier also nicht darum, seinen ganzen Mut zusammenzunehmen, um Ungläubige direkt zu konfrontieren!

Es gibt einen Weg!

Die Leuchthaus-Bewegung betont, für unsere Nachbarn zu *beten* und uns um sie zu *kümmern*, sei so einfach und naheliegend, dass jeder von uns Teil eines Leuchthauses werden könne. Mein Eindruck ist aber, dass der Aspekt des *Weitersagens* genauso natürlich sein muss wie die ersten beiden Punkte, wenn die Bewegung in der Neuevangelisierung unseres Landes effektiv sein will. Dies muss so dargestellt werden, dass mehr oder weniger jeder Christ sagen kann: „Ja, das kann ich tun, und ich *will* es auch tun."

Jesus lebte beispielhaft vor, wie seine Botschaft an Außenstehende weitergegeben werden kann. Seine Vorgehensweise ist zum Glück so, dass sie sich an alle Menschen, unabhängig von deren Persönlichkeit, Alter, Ausbildungsniveau usw. anpassen lässt.

Ich hoffe, dass ich im Folgenden sowie im nächsten Kapitel aufzeigen kann, dass dies ein Prozess ist, dem jeder Gläubige problemlos folgen kann. Es braucht dazu keine Kühnheit und keinen Mut. Sie müssen nicht vorgeben, etwas zu sein, was Sie nicht sind, um der Vorgehensweise Jesu zu folgen. Sie brauchen auch kein riesiges Wissen, mit dem Sie jedes Argument widerlegen können. Jeder Gläubige auf jeder beliebigen Stufe seiner Erfahrung mit Christus kann in den Fußstapfen Jesu gehen, unter der Voraussetzung, dass er wirklich wiedergeboren ist, sich mit der Bibel immer mehr vertraut macht und betet.

Schritt für Schritt

Der evangelistische Dienst der „Hope Chapel" in Kaneohe (Hawaii) ist sicherlich ein gutes Beispiel dafür, dass die *richtige* Art des Evangelisierens uns nicht überfordert und nicht ohne Ergebnis bleibt. Diese Gemeinde wuchs von zwölf Leuten im Jahr 1971 auf über 20000 in mehr als 200 Teilgemeinden im Jahr 1998.[3] Das ist eine durchschnittliche jährliche Wachstumsrate von 33 Prozent! Das durchschnittliche Wachstum der amerikanischen Kirche beträgt dagegen weniger als zwei Prozent. Selbst die am schnellsten wachsenden Gemeindeverbände erreichen nicht einmal fünf Prozent durchschnittliches Wachstum im Jahr.

Man könnte dieses Wachstum leicht abtun und sagen, es handele sich ja nur um eine weitere Mega-Gemeinde, die mit ihren aufwendigen Programmen Christen aus eher langweiligen Gemeinden abziehen will. Wenn man sich aber die Zahlen genauer ansieht, stellt man fest, dass diese 200 Teilgemeinden durchschnittlich 100 Mitglieder haben und dass zum Beispiel 1999 volle 49 Prozent ihres Mitgliederwachstums die Folge von Bekehrungen aus der Welt waren, die laut ihren eigenen Worten folgendermaßen zustande kamen:

> Ein wichtiger Faktor unseres Erfolges ist, dass wir glauben, dass Evangelisation ein Prozess ist, bei dem sie (die Ungläubigen) lernen, Jesus zu folgen, und weniger ein spontanes Ereignis. *Unsere Leute sind damit zufrieden, andere Schritt für Schritt zu Jesus zu führen* (Hervorhebung durch den Autor).

Aus verschiedenen Gründen erwarte ich nicht, dass die kleine Gemeinde, die meine Frau und ich besuchen, jemals eine solch spektakuläre Multiplikation erleben wird. Aber mir fällt auch kein Grund ein, weshalb wir nicht jedes Mitglied so weit bringen könnten, damit zufrieden zu sein, andere Schritt für Schritt zu Jesus zu führen. Jedenfalls sehen Lyn und ich, dass diese Methode in unserer Nachbarschaft funktioniert, wie ich am Beispiel von „Rocky" erläutern möchte.

Das Beispiel von Rocky

Ich gab den kleinen Schritten, von denen ich erhoffte, sie würden Rocky zu Jesus führen, bestimmte Namen. Den ersten Schritt nannte ich „Kontakt", den zweiten „Bekanntschaft", den dritten „Interessierter", den vierten „Suchender", den fünften „Bekehr-

---

[3] Wagner, C. Peter et al., *New Apostolic Churches,* Regal, 1998, „Hope Chapel," Ralph Moore, S. 194.

ter" und den sechsten „Jünger". Haben Sie bitte Geduld mit mir, wenn ich jetzt die Geschichte erzähle, wie ich Rocky Schritt für Schritt half, den Herrn zu erkennen.

Rocky war eine reizende 14-Jährige, die ihren Namen deshalb bekam, weil ihre unverheirateten Eltern eine sehr „wacklige" Beziehung hatten, bevor sie geboren wurde. Über diese Situation sollten wir in den folgenden Monaten noch mehr erfahren.

Eines Tages, nachdem ihre Familie unserem Haus gegenüber eingezogen war, kam Rocky zu uns herüber und fragte, ob sie bei uns etwas Geld verdienen könne. Obwohl ich meinen Rasen gerne selbst pflege, ließ ich sie für 5 Dollar den Rasen mähen.

Da wir uns vorher noch nie begegnet waren, war Rocky zu diesem Zeitpunkt einfach ein *Kontakt*. Über ihren geistlichen Zustand oder Hintergrund wusste ich nichts und ich fragte auch nicht danach. Ich gab ihr kein „Zeugnis", indem ich ihr die „Vier Geistlichen Gesetze" erklärt oder etwas über Gott, Jesus oder Religion erwähnt hätte. (Ich setze „Zeugnis" übrigens in Anführungszeichen, um anzudeuten, dass ich hier speziell damit meine, dass man anderen von Jesus erzählt und wie man gerettet wird. Ich weiß, dass es dabei um mehr geht.)

Als sie dann Woche für Woche zurückkam, um den Rasen zu mähen und später für eine weitere Summe den Hund auszuführen, erkundigten wir uns ganz natürlich nach ihrer Familie, ihrer Schule, ihren Interessen usw. Mit der Zeit wurde sie dadurch eine *Bekannte*, also jemand, mit dem wir uns gelegentlich über allgemeine Dinge unterhielten. Noch immer kein „Zeugnisgeben". Wir wünschten uns natürlich, dass sie den Herrn kennenlernen würde, aber die natürliche Gelegenheit hatte sich noch nicht ergeben.

Als die Sommertage ins Land gingen, fing Rocky an, einfach mal herüberzukommen, um mit uns (vor allem) über ihre Jungen-Freundschaften, aber auch über Inline-Skating, Essen, Kleidung, Freundinnen und andere Teenager-Interessen zu reden. Es wurde klar, dass sie ein großes Bedürfnis nach Beziehungen zu Erwachsenen bzw. Bestätigung durch Erwachsene hatte. Sie erzählte mir, dass sie einen Urgroßvater gehabt hatte, den sie sehr geliebt hatte. Vielleicht wurde ich für sie mit siebzig Jahren zu einem Großvater-Ersatz.

Rocky war jetzt ***interessiert*** und öffnete uns ihr Leben. Immer noch gab ich ihr kein „Zeugnis". Ich wartete auf einen Hinweis, dass sie wirklich zu einer ***Suchenden*** geworden war.

Im Laufe der Monate vertraute sie uns viele schwierige Dinge an: Freundschaften mit Jungen gingen entzwei, von ihren Eltern erhielt sie – ihrer Meinung nach – unberechtigten Hausarrest, sie wurde in der Schule bestraft (sie wurde mehr als einmal der Schule verwiesen), sie stand eine Zeit lang unter der Aufsicht von Jugendbehörden und noch Schlimmeres.

An dem Tag, als sie erfuhr, dass sie von der Schule verwiesen und auf eine andere geschickt werden würde, war sie ziemlich fertig. „Ich habe von 10 Uhr morgens bis 3 Uhr nachmittags geweint", erzählte sie mir. „Es war einfach so schwer, mich von meinen Freunden zu verabschieden." Zum ersten Mal brachte ich dann einen geistlichen Inhalt, indem ich sagte, ich würde für sie beten. Ich wusste nicht, ob sie daran Anstoß nehmen würde oder nicht. Es schien mir einfach eine natürliche Reaktion auf ihren Kummer zu sein.

„Ob Sie's glauben oder nicht", sagte sie, „ich bete auch." Es sollte noch viel mehr kommen, aber an diesem Punkt hatte ich den Eindruck, dass sie eine ***Suchende*** wurde. Ab da begann ich die Augen offen zu halten, ob sie wohl noch mehr Interesse zeigen würde, ein Nachfolger Jesu zu werden.

Der erste Anknüpfungspunkt kam dann, als sie mehr Geld verdienen wollte, um – ausgerechnet – ein Halloween-Kostüm zu kaufen. Sie wollte als Baby verkleidet gehen und machte mir vor, wie sie reden würde. „Eins, zwei, drei, vier, fünf, sechs, sieben", sagte sie in der Sprache einer Zweijährigen. Sofort rief mir der Herr einen Reim aus meiner Jugendzeit ins Gedächtnis, der ähnlich begann und mit „... gute Mädchen kommen in den Himmel" endete.

Das machte sie neugierig. Sie wechselte von einem harmlosen Herumblödeln zu der Frage: „Wo kommen dann die schlechten Kinder hin?" Damit gab sie mir die Chance, ihr einfach zu sagen, in den Himmel zu kommen hänge nicht davon ab, ob man gut oder schlecht sei, sondern davon, was man glaube.

„Du meinst, wenn ich glaube, dass ich in den Himmel komme, dann geschieht es so?", fragte sie. „Nein, es kommt darauf an, an wen du glaubst und auf wen du dein Vertrauen setzt", antwortete ich. Daraufhin war sie sofort wieder beim Thema Jungenfreundschaften.

So weit konnte ich sie zu diesem Zeitpunkt scheinbar mitnehmen. Sie war es, die das Thema wechselte. Ich wollte ihr keinen Druck machen und dadurch möglicherweise auf lange Sicht Boden verlieren. Da sich eine Beziehung entwickelt hatte, würden sich noch andere Gelegenheiten ergeben.

Es wäre toll, wenn ich einen bestimmten Zeitpunkt angeben könnte, an dem sie eine ***Bekehrte*** wurde. Wir hatten viele weitere, meist kurze Gespräche. Auf unsere Einladung hin besuchte sie ein paar Jugendtreffen in unserer Gemeinde. Wir brachten sie auch auf die Idee, auf eine Ski-Freizeit mitzufahren. Im Laufe der Zeit wurden einige unserer Gespräche sehr deutlich. Einmal rief sie dann: „Ich bin gerettet!"

Nur der Herr weiß, ob das wirklich so ist. Manchmal sehen wir an ihr Merkmale eines Gläubigen, zu anderen Zeiten nicht. Momentan ist sie (aufgrund ihres vorhergehenden Verhaltens) in einer Einrichtung für Schwererziehbare außerhalb der Stadt untergebracht. Wie auch immer, wir helfen ihr durch Briefe, durch die Bibel, die wir ihr schickten, durch persönliche Kontakte und – wenn sie mal nach Hause gehen darf – durch unser Sonntagnachmittags-Treffen, als ***Jünger*** zu wachsen. Wir werden ihr auch wieder ermöglichen, die christliche Freizeit zu besuchen, auf die wir sie bei der ersten Gelegenheit schon einmal geschickt hatten.

Die Beziehung zu Rocky hat auch zu starken Beziehungen mit anderen in ihrer Familie und in der Nachbarschaft geführt.

Die Beziehungspyramide

Dieser Schritt-für-Schritt-Prozess mit Rocky könnte man als Pyramide von Beziehungen darstellen. Stellen Sie sich eine Pyramide mit sechs Ebenen vor:

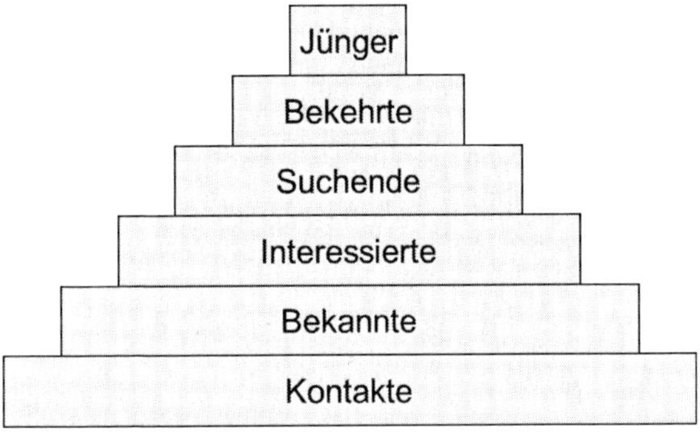

Die Leute am unteren Ende bezeichnen wir als ***Kontakte.*** Dies ist die breiteste Schicht, da wir in unserem Leben mehr Menschen aus dieser Kategorie zu Christus führen werden als aus allen anderen. Wir müssen daran arbeiten, dass aus diesen Kontakten ***Bekannte*** werden, die nächste und kleinere Ebene weiter oben. Einige dieser Bekannten werden zu ***Interessierten,*** also Menschen, die damit beginnen, eine Beziehung zu uns aufzubauen. Aus diesen Beziehungen sollten einige schließlich ***Suchende*** werden, und aus dieser Gruppe wiederum erwarten wir, dass einige wirklich zu ***Bekehrten*** werden. Das sind die Babys in Christus, die jetzt durch einen weiteren Prozess geführt werden müssen, der zur christlichen Reife führt (vgl. Eph 4,12-13). An der Spitze der Pyramide werden unsere Bekehrten nun zu ***Jüngern.***

Wie jeder Vergleich, hat auch dieser seine Grenzen und stellt kein perfektes Modell dar. Ich habe aber herausgefunden, dass er uns Klarheit gibt über den Prozess, Menschen schrittweise zu Jesus zu führen. Er hilft uns zu bestimmen, an welchem Punkt auf seinem Weg hin zu Jesus jemand steht, und er gibt uns Anhaltspunkte dafür, was wir sinnvollerweise tun können, um jemand zur nächsten Ebene führen zu können. Dieser Vergleich enthält auch Grenzlinien, die anzeigen, wann sich eine Person von einer Ebene des Verstehens und Annehmens zur nächsten bewegt hat.

Diese Beziehungspyramide – der Versuch, anderen zu helfen, dass sie von ***Kontakten*** über ***Bekannte, Interessierte*** und ***Suchende*** zu ***Bekehrten*** und schließlich zu ***Jüngern*** werden, wird durch meine geschilderte Erfahrung verdeutlicht. Das ist aber nicht der

Ursprung, denn sonst hätte sie nur wenig Wert. Nein, diese Erkenntnis entstammt einem lebenslangen Studium des Lebens Jesu und wie er daranging, Einzelne zu sich zu ziehen – die faszinierende Studie, der wir uns nun zuwenden werden.

KAPITEL 5

Jesus gibt ein Beispiel für die Pyramide

„Wir sind so schnell dabei, über andere zu richten – ohne Gnade und ohne bedingungslose Liebe", beichtete Pastor Ken der Gemeinde. „Bei so vielen evangelikalen Christen in dieser Stadt gibt es keinen Grund, weshalb viele von denen, die Jesus noch nicht kennen, nicht nach dem, was wir haben, verlangen sollten. Sie wollen – sie brauchen – bedingungslose Liebe und Vergebung, die Gnade des Herrn Jesus Christus. Ja, Satan ist lebendig und aktiv. Aber Satan kann das Werk Jesu in und durch uns niemals überwinden, wenn wir Menschen der Gnade, Liebe und Annahme sind."

Pastor Ken fuhr fort: „Wir als evangelikale Christen haben es einfach nicht kapiert. Wir haben nicht kapiert, dass unsere Nächsten zu lieben wie uns selbst dasselbe ist, wie Gott von ganzem Herzen, von ganzer Seele und mit ganzem Verstand zu lieben. Wenn wir eine andere Person nicht mit bedingungsloser Liebe lieben, wenn wir sie nicht einfach um der Liebe willen lieben, dann leugnen wir, dass diese Person eine genauso einzigartige Schöpfung Gottes ist wie wir selbst."

Nach dieser leidenschaftlichen Einführung ging Pastor Ken auf Johannes 4 ein, die klassische Geschichte, wie Jesus mit der Frau am Brunnen ins Gespräch kam. „Dies ist ein Beispiel dafür, wie wir, so wie Jesus, echte Beziehungen zu Menschen aufbauen können, die noch hinter Mauern versteckt sind – kulturellen Mauern, zu denen wir selbst beigetragen haben", sagte er. „Wir sind ganz anders geprägt. Wir sind im evangelikalen Lager, und sie sind Nachbarn, Arbeitskollegen, Bekannte, erweiterte Familie oder Freunde, die möglicherweise dem Evangelium feindlich gegenüberstehen – sehr ähnlich dieser samaritischen Frau."

Pastor Ken ging kurz auf die Beziehungspyramide ein (die er ein Jahr zuvor zusammen mit mir in einem Seminar für Erwachsene vorgestellt hatte), die durch diese Geschichte aus dem Leben Jesu beispielhaft dargestellt und durch all die anderen überlieferten Begegnungen des Herrn mit Einzelnen bestätigt wird. Aus diesen Erzählungen können wir die Prinzipien erkennen, wie er anderen Zeugnis gab – Prinzipien voller Gnade und Geduld. Wir haben versucht, sie zu erkennen und ihnen Namen zu geben, damit man sie leichter behalten und anwenden kann.

Kontakt

Zuerst nimmt Jesus mit einer Fremden Kontakt auf (Joh 4,7-9):

> *Da kommt eine Frau aus Samaria, Wasser zu schöpfen. Jesus spricht zu ihr: Gib mir zu trinken! ... Die samaritische Frau spricht nun zu ihm: Wie bittest du, der du ein Jude bist, von mir zu trinken, die ich eine samaritische Frau bin? – Denn die Juden verkehren nicht mit den Samaritern.*

Obwohl Jesus mit der Frau allein war und wahrscheinlich ihre ungeteilte Aufmerksamkeit hätte haben können, begann er kein Gespräch über den Zustand ihrer Seele. Er sagte nichts über die Sünde, in der sie lebte, nichts über Buße und Vergebung, nichts darüber, wie wir gerettet werden können.

Stattdessen beginnt Jesus mit einer sehr allgemeinen, natürlichen und ehrlichen Bitte. Wegen der langen, staubigen Reise war er durstig. Tief unten im Brunnen gab es erfrischendes Wasser, aber er hatte kein Gerät, um es heraufzuholen. Die Frau hatte es. Zumindest oberflächlich gesehen war dies eine ganz gewöhnliche Begegnung, wie wir sie alle jeden Tag ein paarmal erleben.

„Er kam zu ihr und bat sie um etwas", erwähnte Pastor Ken in seiner Predigt. „Das ist ein Prinzip, das uns hilft, die Beziehungen zu unseren Nachbarn zu verbessern. Zum Beispiel baten wir einen

Nachbarn, auf unsern Hund aufzupassen, als wir eine Woche weg waren. Das machte ihm sogar noch mehr Spaß als mir! Jesus kam und bat diese Frau um Hilfe. Mit einer einfachen, unscheinbaren Bitte zeigt er, dass er Vertrauen zu ihr hat. Er drängt sich ihr nicht auf. Er stellt einfach einen Kontakt zu ihr her, ein erstes kurzes Gespräch, damit eine Beziehung entstehen kann.

Sich herablassen und um einen Gefallen bitten

Mit dieser Frage hätte das Gespräch auch enden können. Die Frau hätte ihn ignorieren oder nein sagen können oder einfach kommentarlos Wasser herausholen können. Ende des „Zeugnisgebens". Wenn wir uns die anderen 47 Kontakte, die Jesus mit verschiedenen Menschen hatte, ansehen, können wir tatsächlich erkennen, dass er sich nie jemand aufgedrängt hat.

Nehmen wir die Geschichte mit den zehn Aussätzigen (vgl. Lk 17,11-19). Jesus heilte sie alle und sandte sie dann, dem ihnen bekannten Gesetz entsprechend, zum Priester. Wäre es nicht die perfekte Gelegenheit gewesen, mit ihnen über ihren geistlichen Zustand zu reden, wo er sie doch von dieser gefürchteten Krankheit geheilt hatte? Er tat es nicht – zumindest nicht mit denen, die nicht zurückkamen.

Ja, das Gespräch mit der Frau aus Samaria hätte mit dieser einfachen Bitte enden können. Jesus drängte sich anderen nie auf, aber er war auch nicht passiv. Hier war eine Gelegenheit, eine ausgestoßene Frau neugierig zu machen und vielleicht die Tür dafür zu öffnen, eine Jüngerin zu gewinnen und dadurch möglicherweise eine ganze Stadt zu erreichen.

„Neugierig machen" ist in diesem Fall vielleicht zu wenig. Er brachte die Frau regelrecht *aus der Fassung.* Juden denken von tern; einzelne Männer reden nicht mit einzelnen Frauen. Doch hier war dieser jüdische Mann, der sich herabließ, sie um einen Gefallen zu bitten! Eine Mauer von Vorurteilen war durchbrochen worden. Die Bitte Jesu, so klar sie oberflächlich gesehen auf der Hand liegt, ermöglichte, dass die Beziehung zur nächsten Ebene voranschreiten konnte, falls sich die Frau dafür öffnete.

Nachdem er sie sehr neugierig gemacht hat, geht sie auf ihn ein und antwortet mit einer vielleicht sarkastischen Frage: „Bist du nicht ein überlegener Jude? Wie kannst du dich herablassen und mich um einen Gefallen bitten?" Da ihr seine erste Bitte eine Frage entlockte, öffnete sie die Tür für einen Fortgang des Gesprächs. Er zwängte und bürdete ihr nichts auf. Die einfache Bitte an eine Fremde eröffnete geschickt und galant die Möglichkeit, zur nächsten Ebene weiterzugehen.

Wann sollen wir Zeugnis geben?

Die Bekanntheit Jesu wuchs schnell, sodass in seinem Dienst schon sehr früh der Punkt kam, an dem er wegen der Menschenmassen nicht einmal mehr in die Dörfer gehen konnte; deshalb erwarten wir eigentlich, dass Jesus nicht vielen Fremden begegnete, die nichts über ihn wussten. Doch die Tatsache, dass Johannes diese Begegnung mit einer Person, die Jesus vorher nicht gekannt hatte, so detailliert aufschrieb, lässt darauf schließen, dass sie nicht unbedeutend war. Klar ist, dass Jesus nicht die Brachial-Methode anwandte. Er folgte einem „Protokoll", in dessen Verlauf er erst dann über geistliche Dinge sprach, wenn der richtige Zeitpunkt gekommen war.

Dadurch löst sich für mich so langsam das Dilemma, wann ich „Zeugnis geben" soll und wann nicht. Die Schuldgefühle, dass ich nicht häufiger „Zeugnis gebe", fangen an zu verschwinden. Wie schon gesagt, setze ich „Zeugnis" und „Zeugnis geben" in Anführungszeichen, wenn ich damit meine, dass wir jemandem sagen, „wie man gerettet werden kann" – um einen altmodischen Ausdruck zu gebrauchen. Natürlich sollten wir durch unser Leben und zu jedem Zeitpunkt für Jesus Zeugnis sein. Manchmal allerdings gilt, was Franz von Assisi schrieb: „Verkünde das Evangelium mit allen Mitteln; *falls nötig, benutze Worte"* (Hervorhebung durch den Autor).

Der Anfangskontakt, zum Beispiel einem neu eingezogenen Nachbarn einen Kuchen oder ein warmes Essen vorbeizubringen, sollte etwas sein, was den Prozess, ihn oder sie zu Christus zu führen, einleitet – ob der Prozess dann jemals über die erste Stufe der Pyramide hinausführt oder nicht. Eine solche Geste der Freundlichkeit kann zu einer sofortigen Gelegenheit führen, die Botschaft des Evangeliums weiterzusagen, aber die Erfahrung zeigt, dass dies in unserem kulturellen Umfeld nur sehr selten der Fall ist.

In unserem Wohnviertel, sei es mit neuen Nachbarn oder mit denen, die schon jahrelang hier wohnen, mag es viele solcher Kontakte geben, bevor sich eine Bekanntschaft entwickelt, aber jeder Kontakt sollte als Gelegenheit betrachtet werden, dass ein oder mehrere weitere Schritte gegangen werden können.

Warum tun Sie das?

Dem Beispiel Jesu entsprechend sollte unser Verhalten andere neugierig darauf machen, weshalb wir sind, was wir sind. So war es bei „Jenny", der alleinstehenden, berufstätigen Frau, die gegenüber von uns wohnt. Es begann damit, dass ich ihr nach einem heftigen Schneefall half, ihre Einfahrt freizuschaufeln. Weitere Kontakte, unter anderem ihre Teilnahme an einigen unserer Nachbarschafts-Grillfeste, führten dazu, dass wir miteinander bekannt wurden. Sie zeigte auch Interesse an uns und dankte uns überschwänglich dafür, dass wir geholfen hatten, die Nachbarschaft zusammenzubringen. Insbesondere hatte sie bemerkt, dass wir versuchten, die Kinder und Jugendlichen in unserem Viertel zu ermutigen und ihnen zu helfen.

„Warum tun Sie das?", fragte sie Lyn eines Tages, als sie in ihrem Hof miteinander redeten. Unser Lebensstil und unser Tun hatten sie dahingehend neugierig gemacht, dass sie wissen wollte, warum wir das taten.

„Wir glauben einfach, dass Gott uns aus einem bestimmten Grund hierhergebracht hat", war der Gedanke, den der Herr Lyn gab. „Das glaube ich auch", war ihre Antwort. Die Art und Weise, wie unsere Kontakte mit Jenny verliefen, ließ sie so offen werden, dass Lyn sie immer besser kennenlernen konnte und dass dadurch die Möglichkeit besteht, sie Schritt für Schritt die Beziehungspyramide hinaufzuführen.

Auch bei der Frau am Brunnen war es so, dass sie durch die Art der Fragen, die Jesus stellte, ihn immer besser kennenlernen wollte.

Bekanntschaft

In den Versen 10–14 von Johannes 4 sehen wir, dass sie miteinander *bekannt* werden:

> *Jesus antwortete und sprach zu ihr: Wenn du die Gabe Gottes kennen würdest und wer es ist, der zu dir spricht: Gib mir zu trinken, so hättest du ihn gebeten, und er hätte dir lebendiges Wasser gegeben.*
> *Sie spricht zu ihm: Herr, du hast kein Schöpfgefäß, und der Brunnen ist tief. Woher hast du denn das lebendige Wasser? Du bist doch nicht größer als unser Vater Jakob, der uns den Brunnen gab, und er selbst trank daraus und seine Söhne und sein Vieh?*
> *Jesus antwortete und sprach zu ihr: Jeden, der von diesem Wasser trinkt, wird wieder dürsten; wer aber von dem Wasser trinken wird, das ich ihm geben werde, den wird nicht dürsten in Ewigkeit; sondern das Wasser, das ich ihm geben werde, wird in ihm eine Quelle Wassers werden, das ins ewige Leben quillt.*

Eigentlich hatte die Frau gefragt: „Wer bist du, dass du mich bittest, dir zu trinken zu geben?" Jesus fängt an zu offenbaren, wer er ist – wieder so, dass sie noch neugieriger wird. „Wenn du wüsstest, wer ich bin, würdest du mich darum bitten, dir etwas noch Größeres zu geben als das, weshalb du hierhergekommen bist", lässt sich seine Antwort zusammenfassen. Das heißt, er konnte Wasser liefern, das wie bei einer Quelle aus dem Boden hervorsprudelt, und nicht nur Wasser, das man aus einem Brunnen schöpfen musste.

Jetzt ist sie wirklich bei der Sache. Dieser Kerl beansprucht, etwas total Absurdes tun zu können. Das entlockt ihr noch tiefere Fragen, wer er ist. Weil sie sehr wahrscheinlich noch immer denkt, das Gespräch drehe sich um physisches Wasser, fragt sie sich laut, ob er wohl größer als der Vater Jakob sei, der diesen Brunnen gegraben hatte.

Im Verlauf des Gesprächs wird ihre Neugier immer größer. Jesus redet nicht nur über echtes, physisches Wasser, sondern über Wasser der geistlichen Sorte. Das passt in den Zusammenhang dieses Gesprächs. Nichts gegen die „Vier Geistlichen Gesetze"; sie wurden mit großem Erfolg eingesetzt, aber er zog nicht schnell ein Traktat aus seiner Tasche und sagte: „Das musst du unbedingt lesen. Hier steht, wie es geht."

Reden Sie nicht über sich selbst

Jesus war ein ausgezeichneter Zuhörer. „Möchten Sie wissen, wie man mit jemand ein gutes Gespräch führt?", fragte Pastor Ken seine Gemeinde. „Zeigen Sie einfach Interesse an ihm. Stellen Sie Fragen und hören Sie ihm zu, wenn er antwortet. Reden Sie nicht über sich selbst. Es gibt nicht viele Leute auf der Welt, Christen eingeschlossen, die wirklich gut Gespräche führen können. Aber Jesus konnte es. Er führte das Gespräch einfach auf natürliche Weise weiter, indem er auf das einging, was die Frau ihm erzählte."

Da sie nun gefragt hat, beantwortet er ihre Fragen, anstatt ihr „Zeugnis zu geben" – er ist frei, ihr zu offenbaren, dass er tatsächlich größer ist als Jakob – größer in dem Sinn, dass er ein für alle Mal ein Wasser liefern kann, das nicht jeden Tag mühsam aus einem Brunnen geschöpft werden muss und das schließlich in das ewige Leben mündet.

Inzwischen sind sie recht gut miteinander bekannt geworden. Jesus wusste schon, wer sie war, wie wir ein paar Verse weiter sehen, aber auch sie fängt jetzt an zu ahnen, mit wem sie es zu tun hat.

Seine Antwort hat auch das Potenzial, das Gespräch vom Natürlichen zum Geistlichen zu wenden, was tatsächlich geschieht. Der Kontakt wurde hergestellt, sie sind in gewisser Weise miteinander bekannt geworden und das geistliche Element wurde beiläufig als Antwort auf ihre Fragen eingeführt. Hätte sie auf der geistlichen Schiene nicht fortfahren wollen, dann hätte sie das Gespräch sofort beenden können.

Wer ist er, dass ich glauben möge?

Wie oben erwähnt, gab es praktisch keine anderen Situationen, in denen Jesus mit Einzelnen in Kontakt kam, die nicht eine gewisse Ahnung davon hatten, wer er war – mit Ausnahme vielleicht des blind geborenen Mannes in Johannes 9. Dieser fragt einige Zeit nach seinem ersten Kontakt mit Jesus: „Und wer ist er (der Menschensohn), Herr, dass ich an ihn glauben möge?" Aus dem Zusammenhang ist nicht völlig klar, ob der Blindgeborene noch nie von Jesus gehört hatte oder ob er ihn zuvor nur wegen seiner früheren Blindheit nicht gesehen hatte. Wie dem auch sei – da Jesus ihn von seinem lebenslangen Leiden heilte, könnte man meinen, er habe alles Recht, mit ihm sofort über seinen geistlichen Zustand zu reden. Jesus hielt sich allerdings zurück, bis der Mann, nun mit wiederhergestellter Sicht, denjenigen, der ihn geheilt hatte, resolut verteidigte, zu ihm kam und seinen Wunsch zu glauben zum Ausdruck brachte.

Wie wir in dem Kapitel über „Kümmern" erzählt haben, haben wir schon lange mit allen 42 Leuten in den fünfzehn Haushalten, für die wir uns verantwortlich fühlen, die Kontaktphase überschritten. Sie sind alle mindestens zu Bekannten geworden. Viele, wenn nicht die meisten, zeigten echtes Interesse an uns und haben uns herzlich aufgenommen.

Interessierter

Als sie darum bat, das Wasser zu erhalten, das ihr ewiges Leben geben würde, wurde auch die Samariterin zu einer ***Interessierten*** (Joh 4,15-18).

> *Die Frau spricht zu ihm: Herr, gib mir dieses Wasser, damit mich nicht dürste und ich nicht hierher komme, um zu schöpfen. Jesus spricht zu ihr: Geh hin, rufe deinen Mann und komm hierher! Die Frau antwortete und sprach: Ich habe keinen Mann. Jesus spricht zu ihr: Du hast recht gesagt: Ich habe keinen Mann; denn fünf Männer hast du gehabt, und der, den du jetzt hast, ist nicht dein Mann; hierin hast du wahr geredet.*

Er wird mit ihr bekannt. Sie fängt an, sich zu interessieren, aber die Rollen sind jetzt vertauscht. Das Gespräch begann damit, dass Jesus sie um etwas bat, und nun bittet sie ihn um einen Gefallen. Sie will dieses lebendige Wasser. Er kann jetzt zum Kern der Sache kommen, das heißt, ihr sagen, was sie tun muss, um dieses Wasser zu erhalten.

Er bietet ihr aber noch eine weitere Möglichkeit an, aus dem Gespräch auszusteigen. Statt ihr von Gottes Heilsplan zu erzählen, bringt er diesen Hammer: „Geh und hole deinen Mann." Das haut sie beinahe um. Warum hat er das getan? Weil er den Punkt ihrer größten Not ansprach – ein Schlüssel, wenn wir anderen Menschen dienen.

Trauer um den Ehemann

Pastor Ken, der seine Predigt monatelang lebte, bevor er sie predigte, erzählte der Gemeinde von „Linda", einer Nachbarin, die vor kurzem aus einem anderen Bundesstaat in seine Straße eingezogen war. „Nach mehreren eher lockeren Gesprächen, wodurch wir mit ihr bekannt wurden, entdeckten wir, dass die größte Not in ihrem Leben war, dass ihr Ehemann erst vor zehn Monaten verfrüht gestorben war. In ihrer Trauer musste sie sich allein um ihren Lebensunterhalt kümmern, einen Haushalt führen und für zwei kleine Kinder sorgen.

An diesem Punkt entwickelte sich zwischen ihr und uns eine echte Herzensverbindung. Wir überschütteten sie mit Liebe, taten allerdings nichts Außergewöhnliches. Es waren nur Kleinigkeiten, wie zum Beispiel, ihr dabei zu helfen, in diesem Herbst ihren offenen Kamin in Gang zu bringen oder ihr die Namen von Firmen für die Rasenpflege usw. zu geben, die ihre Vorgänger benutzt hatten.

Wir glauben aber, dass, wenn der Tag kommt, an dem sie wirklich ihren Schmerz herauslassen und über die tiefsten Nöte in ihrem Leben reden muss, sie sich an uns wenden wird, weil wir für sie gebetet und uns liebevoll um sie gekümmert haben. Das war nichts Außergewöhnliches, aber wir haben es bewusst getan."

Auf dieselbe Weise ging Jesus auf die tiefste Not, den Kern im Leben der Samariterin ein. Dafür war sie bekannt und deshalb war sie ausgestoßen worden und in der Mittagshitze zum Brunnen gekommen, statt mit den anderen Frauen der Stadt am kühlen Abend.

Was geht hinter diesen Türen vor sich?

An diesem Punkt verliert Jesus sie beinahe, da sie kurz angebunden antwortet: „Ich habe keinen Ehemann." Sie scheint die Begegnung lieber beenden zu wollen. Jesus rettet diese Situation mit der denkbar unbegreiflichsten und vielleicht verwunderlichsten Bemerkung. Er kennt sich nicht nur mit dem ewigen Leben aus, sondern weiß auch alles über sie! Dieses Wissen bzw. Wunder ist so überraschend, dass es sie wieder zurück ins Gespräch bringt. Sie ist jetzt bereit, zumindest über „religiöse" Dinge zu reden.

Als vom Heiligen Geist geführte und erfüllte Christen haben wir viele Einblicke in das Leben unserer physischen und beziehungsmäßigen Nächsten. Im Natürlichen können wir die Details jedoch nicht so wie Jesus kennen, außer durch diesen Prozess, dass wir bewusst Kontakte knüpfen und einander immer besser kennenlernen.

Die beschämende Wahrheit ist, dass Lyn und ich jahrelang an den Nachbarn vorbeigefahren waren. Wir hatten höchstens einmal gewunken oder beiläufig gegrüßt und ab und zu eher oberflächliche Gespräche geführt. Mit Leuten aus ein oder zwei Haushalten hatten wir etwas engeren Kontakt, aber von dem, was in den anderen Dutzend Häusern vor sich ging, hatten wir keine Ahnung. Erst als wir uns in den letzten drei Jahren entschieden, unsere Nachbarschaft zu einem Missionsfeld zu machen, wurden aus den Nachbarn für uns echte Menschen. Jetzt wissen wir zum großen Teil, was sie interessiert, freut, betrübt oder mit welchen Problemen sie zu kämpfen hatten.

Eine Antwort für jede *Person?*

Wir können nicht alles wissen, was wir für jede eventuelle Situation, in der wir Zeugnis geben könnten, bräuchten! Was wir aber tun *können,* ist, unsere beziehungsmäßigen und geografischen Nachbarn persönlich kennenzulernen und mit ihnen vertraut zu werden. Sie alle haben bestimmte Nöte, Interessen oder Ansichten, die wir durch enge Beziehungen in Erfahrung bringen können.

Da wir früher oder später alle mit Menschen in Kontakt kommen werden, die anderen Religionen oder Kulturen angehören, wäre es dann nicht gut, etwas über die Denkweise dieser Leute zu wissen, wie zum Beispiel über den Islam, den Hinduismus, die Zeugen Jehovas oder Jugendkulturen?

Wir könnten dann *jeder* Person eine Antwort geben, einen Grund für die Hoffnung, die in uns ist (vgl. 1 Petr 3,15). Es wäre großartig, alle intellektuellen Antworten auf die Gedankengebäude falscher Religionen, Philosophien oder kultureller Vorurteile zu haben. Gerne hätte ich alle diese Informationen in meinem Kopf, aber das wird nie geschehen. Das ist es nicht, was Petrus vorschlägt. Er möchte, dass wir *unsere* Position erklären und nicht, dass wir alle anderen Ansichten widerlegen können.

Auf Liebe gegründetes Einfühlungsvermögen

Um unsere Lernkurve noch etwas komplizierter zu machen: Der Zukunftsforscher George Barna sagt, dass sich unsere Kultur zurzeit alle drei bis fünf Jahre neu erfindet – ein unglaubliches Änderungstempo. Wie können wir da mit den sich verändernden Feinheiten eines jeden kulturellen Wandels auf dem Laufenden bleiben? Das ist unmöglich, wenn wir nicht in direktem, ständigem Kontakt mit denen sind, unter die uns Gott gestellt hat: Freunde, Verwandte, Bekannte, Schulkameraden *und* die Menschen unserer buchstäblichen Nachbarschaft.

Ich möchte sicherlich niemanden davon abhalten, etwas über andere Religionen und andere Sektoren unserer pluralistischen Gesellschaft zu lesen. Die höchste Priorität sollte dabei aber solches Material haben, das wir für unsere spezifischen Kontakte sofort verwenden können – einschließlich des jungen Mannes von gegenüber, mit dem wir Bekanntschaft geschlossen haben und der stark in Esoterik steckt.

James Engel schrieb: „Evangelisation ist keine Methode; es ist eher das Ergebnis eines Lebensstils, in dessen Zentrum wahres Einfühlungsvermögen steht, das auf Liebe für andere, echten Respekt sowie die Bereitschaft, auf deren tiefste Sehnsüchte einzugehen, gegründet ist.“ Wenn wir nicht die Nöte, den Kummer, den Stress und ebenso die Freuden, Interessen, Hobbys und Leidenschaften unserer Nachbarn in einer gewissen Tiefe kennenlernen, wird es für uns sehr schwierig werden, dass aus Bekannten, mit denen wir gelegentlich einen Small Talk pflegen, echte Interessierte werden. Und wenn wir diesen Grad der Vertrautheit nicht erreichen, werden wir nur sehr selten fähig sein, zu erkennen, wann einige von ihnen zu Suchenden werden oder vielleicht schon sind. Wenn wir für unsere Nachbarn bewusst gebetet und uns auf konkrete Weise um sie gekümmert haben, müssen wir sie auch ganz gezielt zu Jesus führen, selbst wenn es Wochen, Monate oder gar Jahre dauert und nur Schritt für Schritt geht.

Suchende

Dadurch, dass sie Jesus als Prophet anerkennt, wird die Samariterin jetzt zu einer nach weiteren religiösen Wahrheiten *Suchenden* (Joh 4,19-24):

> *Die Frau spricht zu ihm: Herr, ich sehe, dass du ein Prophet bist. Unsere Väter haben auf diesem Berg angebetet, und ihr sagt, dass in Jerusalem der Ort sei, wo man anbeten müsse.*
> *Jesus spricht zu ihr: Frau, glaube mir, es kommt die Stunde, da ihr weder auf diesem Berg, noch in Jerusalem den Vater anbeten werdet. Ihr betet an, was ihr nicht kennt; wir beten an, was wir kennen, denn das Heil ist aus den Juden. Es kommt aber die Stunde und ist jetzt, da die wahren Anbeter den Vater in Geist und Wahrheit anbeten werden; denn auch der Vater sucht solche als seine Anbeter. Gott ist Geist, und die ihn anbeten, müssen in Geist und Wahrheit anbeten.*

Sie vergleicht ihren religiösen Hintergrund mit dem von Jesus, der Person, die sie als Prophet anerkennt. Dadurch möchte sie offenbar seine Sicht der Dinge herausfinden. Jesus ist schließlich frei, ihr vollständig zu erklären, wie man zu einer rechtmäßigen Beziehung zum Vater kommt. Auch hier gibt er keine vorgefertigte Antwort, wie man gerettet werden kann, sondern er erklärt ihr das Heil, indem er auf ihre Frage eingeht.

„Sie zeigt sich mehr als nur interessiert und sucht wirklich nach der Wahrheit“, predigte Ken. „Ich glaube, dass sie an diesem Punkt offenbart, was 80 Prozent der amerikanischen Erwachsenen suchen, nämlich eine tiefere geistliche Beziehung, ob sie nun wissen, dass Jesus der Einzige ist, der ihnen dies geben kann, oder nicht.

Ich glaube, die Zeit wird kommen, dass Linda, unsere Nachbarin, zu erkennen geben wird, dass sie sich wirklich eine tiefere geistliche Beziehung wünscht. Bisher hat sie uns ein paar Fragen zur Gemeinde gestellt und uns einiges über ihre Verwandten hier in der Stadt erzählt. Zwei ihrer Brüder lehren in einer anderen Gemeinde in der Sonntagsschule.

‚Weißt du' sagte sie, ‚sie sind so etwas wie wiedergeboren.' Sie versucht das alles herauszufinden und Jesus arbeitet an ihr durch die Person des Heiligen Geistes. Es wird einmal so weit sein, dass sie, wie die Frau am Brunnen, nach tieferen Wahrheiten suchen und sich bekehren wird."

Neugierig machen, Fragen beantworten

Damit erreicht der Prozess mit großer Integrität und Höflichkeit einen weiteren wichtigen Punkt. Jesus macht durch seine Worte und Taten neugierig und beantwortet dann Fragen, selbst Fragen, die er die Frau mit Weisheit und Einsicht zu stellen veranlasst. Der Gesprächs- und Kennenlernprozess wäre wahrscheinlich an dieser Stelle abgebrochen, wie es bei den meisten anderen Begegnungen der Fall ist, hätte ihn die Frau nicht durch ihre Fragen und Antworten am Leben erhalten.

Was wir aus diesem Beispiel lernen können, ist: Unsere Rolle beim Zeugnisgeben ist die, so zu leben und zu reden, dass Kontakte, egal auf welcher Ebene, an den Punkt kommen, wo sie den Wunsch nach etwas äußern, das sie nur erhalten, wenn sie an Jesus Christus glauben. Wir können Frieden mit Gott haben, dadurch, dass wir Christ werden. Wir können die Freude der Sündenvergebung erleben, wenn wir Christ werden. Wir können ewiges Leben haben und die Gewissheit, in den Himmel zu kommen; wir können täglich mit Gott leben und alle anderen Verheißungen empfangen, die den Gläubigen durch die Wiedergeburt geschenkt sind. Sieht ein aufmerksamer Christ, dass jemand offenbar einen solchen Wunsch hat, dann ist das eine offene Tür, um Gottes Plan für unsere Rettung zu erklären.

Durch das ganze Evangelium hindurch sehen wir bei Jesus dasselbe aktive Warten auf Einzelne, dass sie ihren Wunsch nach diesem Wasser äußern, das ins ewige Leben mündet. Aus dem Leben Jesu werden 24 Begebenheiten berichtet, in denen er Gespräche mit Einzelnen führt, aber kein Wunder vollbringt. In dreizehn davon kommen Menschen durch eine Frage oder eine Bemerkung zum Glauben.

Denen, die Fragen zu einem Aspekt des Heils hatten, gab Jesus direkte Antworten. Nikodemus (vgl. Joh 3) erkannte sofort an, dass Jesus wegen der Wunder, von denen er gehört hatte, von Gott kommen musste. Zwei andere Männer kamen und versprachen Jesus, ihm überallhin zu folgen, wohin er ginge (vgl. u. a. Mt 8,19-30). Ein Gesetzeslehrer kam und fragte, was er tun müsse, um ewiges Leben zu ererben (vgl. Lk 10,25). Allen diesen und ein paar anderen Personen derselben Kategorie gab er direkte Antworten auf ihre Fragen oder auf den eigentlichen Kern ihrer Frage.

In ein paar Fällen, bei denen der Kontakt durch andere zustande kam, erläuterte Jesus nicht, wie man eine rechtmäßige Beziehung zum Vater bekommt. Einmal lud zum Beispiel ein Pharisäer Jesus zu einem Essen in sein Haus ein (vgl. Lk 7,36-50). Jesus hatte richtig erkannt, dass dieser in seinem Herzen zu dem Schluss gekommen war, er könne kein Prophet sein, weshalb er ihm eine Lektion über sein Benehmen gab, ihm aber nicht sagte, wie er ewiges Leben bekommen könne.[1]

In den neun Situationen, in denen der Herr das Gespräch begann, sehen wir, dass sich für ihn jeweils schon eine Gelegenheit ergeben hatte. Zachäus stieg zum Beispiel auf einen Baum, um wenigstens einen Blick von ihm zu erhaschen (vgl. Lk 19,1-10)! Als er dann ins Bild rückt, war dieser kleine Kerl die Pyramide bereits einige Stufen hochgeklettert. Wir bekommen nur mit, dass Jesus auf sein Interesse eingeht, aber wir wissen nicht, ob Jesus ihn damals an den Punkt führte, ein Nachfolger zu werden.

Die Frau, die beim Ehebruch ertappt worden war (vgl. Joh 7,53), war gegen ihren Willen von einigen selbstgerechten Pharisäern zu

---

[1] Andere Vorfälle dieser Kategorie finden sich in Lk 12,13-21; 13,22-30; 14,15-24; Mt 19,16-22 u. a.; Mk 14,53-65 u. a.; Mt 27,11-31 u. a.; Lk 23,39; Mt 12,46-50 u. a.; Mt 8,21-22.

Jesus gebracht worden, um ihm eine Falle zu stellen. Nachdem sie in ihre eigene Falle getappt waren – ohne dass Jesus ihnen Zeugnis gegeben hätte –, war der Herr mit dieser Frau allein. Sie brauchte Vergebung der Sünden; sie brauchte einen Heiland. Aber er fragte sie nur, wo ihre Ankläger seien, und sagte dann, sie solle gehen und nicht mehr sündigen.[2]

Nicht einmal als er heilte!

Sollte man nicht erwarten, dass Jesus, als er die Lahmen, Tauben und Dämonenbesessenen heilte, ihnen anschließend erklärt, wie sie ewige Heilung für ihre Seelen finden? Nein. In den zehn Fällen[3], wo Männer oder Frauen zu Jesus kommen und um Heilung für sich selbst oder ein Familienmitglied bitten, erklärt er zum Beispiel meist nur, sie müssten daran glauben, dass er Macht habe zu heilen. Wenn es so war, wie diese Studie über das Leben Jesu aufzeigt, dass Jesus immer darauf wartete, dass jemand Interesse an geistlichen Dingen zeigte, erklärt dies, weshalb bei diesen Begebenheiten über solche Dinge nicht geredet wird.

In den dreizehn anderen Situationen, in denen Jesus Einzelne heilte, sehen wir ein ähnliches Muster. Jesus gab nämlich nur dann geistliche Informationen weiter, wenn er gefragt wurde, nicht einfach deshalb, weil er körperliche Gebrechen heilte.[4]

Bekehrte

Ist es Spekulation, zu behaupten, die Samariterin sei nun eine Bekehrte geworden (Joh 4,25-26)?

> *Die Frau spricht zu ihm: Ich weiß, dass der Messias kommt, der Christus genannt wird; wenn jener kommt, wird er uns alles verkündigen. Jesus spricht zu ihr: Ich bin's, der mit dir redet.*

---

[2] Die weiteren sechs Begebenheiten finden sich u. a. in Joh 1,42; 1,43-6; 1,45-51; 7,53; Mt 9,9 u. a.; Mt 9,10-13.

[3] Joh 4,46-54; Mk 1,40-45 u. a.; Mt 8,5-13; Mk 5,1-40 u. a.; Mt 9,18-26; 15,21-28; Mt 17,14-20 u. a.; Lk 17,11-19; Mk 10,46-52 u. a.

[4] Mk 10,46-52 u. a.; Mt 9,2-8; 12,22; 9,32-34; 7,32-37; Mk 8,22-26; Mt 9,2-8; 12,9-14 u. a.; Lk 7,11-17; 11,14; 13,10-21; 14,1-6; Joh 5,1-15.

„Jetzt kommt der aufregende Teil", erzählt Pastor Ken der Gemeinde. „Sie sagt, dass sie Glauben an den kommenden Messias hat, und er sagt: ‚Ich bin es.' Es wird nicht gesagt, sie habe an dieser Stelle ihr Haupt gesenkt und an ihn geglaubt, aber es liegt auf der Hand, dass sie es tat, da sie dann aufstand und ins Dorf eilte, um den Leuten – von denen sie ausgestoßen worden war – von diesem unglaublichen Mann zu erzählen, dem sie begegnet war.

Der Prozess, einen Fremden die Pyramide bis zum Punkt der Bekehrung hinaufzugeleiten, ist jetzt vollständig. Aus dem Kontakt wurde eine Bekannte, die Interesse an Jesus zeigte, der den Zeitpunkt erkannte, an dem sie eine Suchende geworden war, die ihn als Messias anerkannte. Für mich ist das ein sehr natürlicher Prozess, dem jeder Gläubige folgen kann. Jeder kann ihn anwenden, ohne die Grenzen seiner Persönlichkeit, Begabung oder Wohlfühlzone überschreiten zu müssen. Dieser Prozess überlässt der Person, um die es geht, die Führung, und folgt nicht einer vorgefertigten Rede, für die man all seinen Mut zusammennehmen muss.

Es ist ein Prozess, dass aus „Fremden" „Bekehrte" werden

Da dies die einzige Situation im Leben Jesu ist, bei der wir den gesamten Prozess vom Fremden zum Bekehrten miterleben, dürfen wir getrost die alte Brachial-Mentalität über Bord werfen. „Einige von euch haben vielleicht die Gabe der Evangelisation und erleben, dass etwas wie diese Geschichte sehr schnell geschieht", sagte Pastor Ken zur Gemeinde.

„Aber für die meisten von uns heißt dies, einfach nur jemanden zu lieben, auf andere zuzugehen, sie bedingungslos und ohne Hintergedanken zu lieben. Es muss eine echte Beziehung aufgebaut werden, bis Menschen an den Punkt kommen, wo sie Gottes Anspruch auf ihr Leben anerkennen. Wenn Gott auf diese Weise die Tür öffnet, werden sie interessiert und bekehren sich."

Meine Beobachtung, die durch Untersuchungen gedeckt wird, führt mich zu dem Schluss, dass heutzutage nicht viele kurz davor stehen, den Herrn anzunehmen, obwohl es in unserem Land geistlichen Hunger gibt. Für manche trifft es zu. Dafür brauchen wir ein gutes Unterscheidungsvermögen. Wir sollten nicht auf der

Ebene der Bekanntschaft bleiben, wenn jemand wirklich auf der Suche und bereit ist, sein Vertrauen auf den Herrn zu setzen.

Ja, die Zeit mag nahe sein, wo die Ernte reift, wo viele Menschen zu Suchenden werden. Dafür und für alle Suchenden, denen wir begegnen, sollten wir immer die „Römerstraße" (vgl. Röm 3,23; 6,23; 10,9) oder solch wirklich mächtige Werkzeuge wie die „Vier Geistlichen Gesetze" und anderes Material, das uns vertraut ist, parat haben. Wir sollten aber nichts erzwingen, bevor es an der Zeit ist.

Jünger

Als Frisch-*Bekehrte* erzählt die Frau aus Samaria der ganzen Stadt ihr Zeugnis und viele dieser Leute werden ebenfalls zu Bekehrten (vgl. Joh 4,39-42). Auf deren Einladung hin bleibt Jesus zwei Tage länger. Er führt noch andere zum Glauben an ihn. Ich glaube, dass wir getrost davon ausgehen können, wenn wir den Rest seines Lebens betrachten, dass Jesus während dieser Zeit ihnen allen, einschließlich der Frau, weitere Anweisungen gegeben hat, was es heißt, ein wahrer Jünger zu sein.

> *Aus jener Stadt aber glaubten viele von den Samaritern an ihn um des Wortes der Frau willen, die bezeugte: Er hat mir alles gesagt, was ich getan habe. Als nun die Samariter zu ihm kamen, baten sie ihn, bei ihnen zu bleiben; und er blieb dort zwei Tage. Und noch viel mehr [Leute] glaubten um seines Wortes willen; und sie sagten zu der Frau: Wir glauben nicht mehr um deines Redens willen, denn wir selbst haben gehört und wissen, dass dieser wahrhaftig der Heiland der Welt ist.*

„Und so endete es nicht mit der Bekehrung", sagte Pastor Ken, „sondern es folgte der nächste Schritt, die Jüngerschaft. Ich kann nicht glauben, dass Jesus zwei Tage bei ihnen geblieben wäre, nur um Kaffee zu trinken und über das Wetter zu reden. Er begann sie zu lehren, zu schulen und zu Jüngern zu machen. Sein letztes Gebot war nicht, wir sollten Bekehrte, sondern Jünger machen."

Das ist letztendlich unser Ziel, wenn wir unsere Nachbarn lieben, für sie beten, sich um sie kümmern und ihnen Zeugnis geben: dass sie wirklich Jünger unseres Herrn werden. Im nächsten Kapitel wollen wir genau dieses Thema näher unter die Lupe nehmen.

KAPITEL 6

Geht und macht zu Jüngern!

Durch diesen von Jesus vorgelebten Prozess, Menschen schrittweise die Beziehungspyramide hinaufzuführen, wird einerseits das größte Hindernis für Großevangelisationen und andererseits die Brachial-Methode beim Zeugnisgeben überwunden. Dies ist der entscheidende Punkt, um aus einem Bekehrten einen reifen Jünger zu machen.

Ich kenne viele Studien, die nach stadtweiten oder sogar landesweiten Kampagnen und Projekten durchgeführt wurden. Ein Teil dieser Untersuchungen weist nach, dass nur bei wenigen dieser Ereignisse, wenn überhaupt, diejenigen, die sich für Jesus entschieden haben, verantwortliche Mitglieder örtlicher Gemeinden werden. Zum Beispiel kam nach einer größeren evangelistischen Aktion, die erst kürzlich in unserer Stadt durchgeführt wurde und in der sich auch einige Leute aus meiner eigenen Gemeinde stark engagiert hatten, nicht eine einzige Person, die ein Lebensübergabegebet gesprochen hatte, in unsere Gemeinde. Viele Pastoren erzählen mir dasselbe. Andere berichten über ein sehr bescheidenes Wachstum der Besucherzahl und manche, insbesondere bei Evangelisationen im Ausland, geben an, fünf bis zehn Prozent oder mehr der „Bekehrten" seien später in örtlichen Gemeinden aktiv.

Zieht man dies alles in Betracht, dann ist meine Gesamtbeobachtung, dass von denen, die eine öffentliche Evangelisation besuchen, etwa fünf Prozent der Einladung folgen, Christ zu werden, und von diesen dann wiederum etwa fünf Prozent wirklich anfangen, eine örtliche Gemeinde zu besuchen.

Wenn man dies hochrechnet, dann heißt das, dass von den 200 Millionen, die im letzten halben Jahrhundert eine Evangelisation mit Billy Graham besucht haben, etwa zehn Millionen auf die Einladung hin nach vorne gingen, und von diesen etwa 500 000 regelmäßige Besucher örtlicher Gemeinden geworden sind. Eine halbe Million Bekehrte, die jetzt durch ihre Teilnahme am Leben der Gemeinde im Herrn wachsen! Nicht zu vergessen, wie viele andere durch Billy Grahams Bücher, Filme, Radio- und Fernsehdienste und andere evangelistische Aktivitäten jetzt für den Herrn leben. Welch unglaubliches Vermächtnis für einen Menschen, der sich völlig der weltweiten Verbreitung der guten Nachricht hingegeben hat!

Trotzdem trauere ich um die neuneinhalb Millionen, die nach der Einladung von Billy Graham einmal ein Gebet gesprochen haben, sich aber nie persönlich mit dem sichtbaren Leib Christi identifizierten. Nicht dass ich der Meinung wäre, Mitglied in einer Kirche zu sein sei dasselbe, wie ein Jünger unseres Herrn zu sein, aber es ist schwer, sich einen echten Nachfolger Jesu vorzustellen, der keine Gemeinschaft mit anderen Gläubigen hat. Trotz großer Bemühungen in der Nacharbeit scheint die große Mehrheit derjenigen, die sich bei diesen Evangelisationen entscheiden, zu der großen Zahl Totgeborener in unserem Land zu gehören.

Sie gehören zu den vielen – bis zu 30 Prozent unserer Gesamtbevölkerung –, die in Umfragen angeben, sie seien wiedergeboren. Ihre Teilnahme an der Gemeinde ist jedoch gleich null; ihre Vorstellung davon, was es bedeutet, ein Jünger Jesu zu sein, ist leider falsch. Es handelt sich meist um diejenigen, die bei solchen Veranstaltungen oder vor ihrem Fernseher ein Lebensübergabegebet gesprochen haben, aber keine Beziehung zu einem Gläubigen hatten, der sie in der Nachfolge hätte begleiten können.

Wie Trudy zu einem Jünger wurde

Durch den von Jesus vorgelebten Schritt-für-Schritt-Prozess wird genau dieses Problem überwunden. Bis zu dem Zeitpunkt, an dem aus einem Kontakt ein Bekannter, ein Interessierter und schließlich ein Bekehrter geworden ist, hat sich eine starke Beziehung entwickelt, die – wiederum – auf natürliche Weise die Nacharbeit, die Schulung in der Jüngerschaft, ermöglicht.

Um ein persönliches Beispiel zu geben: Kurz nachdem ich den letzten Satz geschrieben hatte, wurde ich durch einen Telefonanruf von „Trudy" unterbrochen. Sie war in der Schule und krank; ihre beiden Eltern waren bei der Arbeit und nicht abkömmlich. Sie brauchte jemand, der sie nach Hause fuhr. Ob ich kommen und sie abholen könne?

Trudy, die gerade dreizehn Jahre alt geworden ist, ist eine weitere Nachbarin, die die Beziehungspyramide hinaufgeklettert ist. Nach einem ersten *Kontakt* im Vorgarten an einem Sommertag wurden wir in den darauffolgenden Wochen zu guten *Bekannten*, und sie zeigte sich *interessiert*, da sie anfing, uns als ihre Nachbarschafts-Großeltern zu bezeichnen.

Ein paarmal brachten wir sie zu den Veranstaltungen für Jugendliche, die in unserer Gemeinde am Sonntagnachmittag stattfinden. Dann bezahlten wir ihr eine Wochenend-Skifreizeit. Zusammen mit einer Freundin und vier anderen aus der Nachbarschaft war sie auf der Piste, wo sie großen Spaß hatten. Als sie zurückkam, zeigte sie für geistliche Dinge eine gewisse Offenheit und war in unseren Augen somit eine *Suchende* geworden. Dies wiederum ließ darauf schließen, dass Trudy vielleicht gerne eine Woche lang auf eine Sommerfreizeit fahren würde, wo es neben Spiel und Spaß noch viel weitere Lehre gab.

Trudy nahm wieder eine Schulfreundin mit und hatte eine tolle Zeit. Sie schloss mit einem der starken christlichen Mädchen aus unserer Gemeinde Freundschaft und sagte voller Begeisterung, sie wolle nun jedes Jahr wieder hingehen. Auf dem Weg von der Freizeit nach Hause saßen Trudy und ihre Schulfreundin auf dem Rücksitz und sangen Anbetungslieder von dieser Freizeit, bis sie vor lauter Müdigkeit einschliefen.

Als ein paar Wochen später die Schule wieder begann, fragte mich Trudy, die nicht gerne mit dem Schulbus fuhr, ob ich sie jeden Tag zum Unterricht mitnehmen könne. Da ihre Schule fast genau auf meinen Weg zum Büro liegt, stimmte ich zu und sah es als Möglichkeit, ihr weiterhin auf ihrem geistlichen Weg zu helfen.

Zum damaligen Zeitpunkt wusste ich nicht, ob Trudy ihr Herz schon dem Herrn gegeben hatte oder nicht, weshalb ich sie noch nicht als Bekehrte betrachten konnte. Da ich aber mit vielen Lehrern übereinstimme, die sagen, der Jüngerschaftsprozess beginne sogar schon vor der Bekehrung, und weil ich den Eindruck hatte, dass sie den Herrn vielleicht schon angenommen hatte, behandelte ich sie wie eine Gläubige.

Ich sah, dass Trudy ihr mit den Worten aus Jeremia 29,13 bedrucktes T-Shirt von der Freizeit trug, und so fragte ich sie eines Morgens, ob sie diesen Vers schon auswendig gelernt habe. Sofort antwortete sie, indem sie ihn zitierte: *„Wenn ihr mich von ganzem Herzen suchen werdet, so will ich mich von euch finden lassen"* (Luther).

Ihre sofortige Antwort nahm ich zum Anlass, ihr dabei zu helfen, andere Verse zu lernen, etwa drei bis vier Worte pro Tag. So lernte sie Johannes 3,16, Johannes 1,11-12, Römer 3,23 usw. Eines Tages fragte sie mich, wie viele Verse sie meiner Meinung nach während des Schuljahres lernen könne. Wir einigten uns auf zwölf.

Wir sprachen natürlich über die Bedeutung und die Anwendung eines jeden Verses. Einmal bemerkte Trudy beiläufig, sie denke, sie solle „es" noch einmal tun. Was sie mit „es" meinte, war nicht klar, aber ich überlegte, ob es wohl darum ging, den Herrn aufzunehmen. In einem Anflug von Glauben fragte ich sie, ob sie auf der Freizeit bei der Einladung, Jesus in ihr Leben aufzunehmen, nach vorne gegangen sei.

„Nein", sagte sie, „aber ich tat es in meinen Gedanken." Nun ging es ihr wie vielen anderen Teenagern, die sich fragen, ob „es" passiert war. Etwa zu diesem Zeitpunkt erreichten wir unser Ziel und ich hakte nicht gleich weiter nach. Aber durch die Beziehung und die Tatsache, dass sie nun unser inzwischen entstandenes Nachbarschaftstreffen besuchte, hatten wir ja die Gelegenheit, sie zur Heilsgewissheit zu führen und in der Jüngerschaft weiter zu schulen.

An dem Morgen, als sie mich beim Schreiben unterbrochen hatte, um mich zu bitten, sie von der Schule abzuholen, bemerkte ich zum Beispiel, dass das Auto, das vor uns an einer Ampel hielt, sowohl einen Fisch als auch das Symbol einer Taube auf dem Kofferraum hatte. Als ich sie darauf aufmerksam machte, sagte sie, sie wisse, was der Fisch bedeute, aber nicht, was das Symbol der Taube bedeute. Dies gab mir die Gelegenheit, sie über den Heiligen Geist zu lehren.

Und so geht der Jüngerschaftsprozess mit Trudy weiter. Dass ich sie an diesem Tag, an dem sie krank war, von der Schule nach Hause fuhr, war eine Unterbrechung an der Arbeit für dieses Buch. Ich hatte einen Termin einzuhalten und war deshalb wohl ein bisschen genervt. Seit wir dieses Abenteuer in unserer Nachbarschaft begonnen haben, mussten wir einige geliebte Aktivitäten zurückschrauben, aber keine wesentlichen. Wir werden manchmal müde und frustriert. Es ist ein langer Weg, Trudy und die vielen anderen in unserem Viertel zu begleiten, die auf unterschiedlichen Stufen der Pyramide stehen. Aber wenn ich an den „alles überragenden Wert", jemand zum Herrn und zur Reife in Christus zu führen, denke, beruhigt mich das ziemlich schnell.

Wie geht es weiter?

Die Geschichte von Trudy erzähle ich natürlich nicht, um sie als Modell hinzustellen, sondern als Beispiel, wie aus einem Kontakt eine Bekanntschaft, eine Interessierte, eine Suchende und schließlich eine Bekehrte werden kann, die in der Jüngerschaft geschult werden muss. Entsprechend dem, wie der Herr Ihnen ermöglicht, geografische und/oder beziehungsmäßige Nachbarn zum Punkt der Bekehrung zu führen, wird er Sie auch in eine Jüngerschaftssituation führen, die zu Ihren Umständen passt.

Bis zu diesem Zeitpunkt hatten wir drei Jahre lang bewusst Beziehungen zu unseren 20 Nachbarn entwickelt. Als Folge davon hatten wir mit allen schon lange die „Kontakt"-Phase überschritten. Einige waren noch „Bekannte", aber die meisten waren wirklich „Interessierte". Einige schienen „Suchende" zu sein, und vielleicht zwei oder drei der Jugendlichen hatten „gebetet, Christus in ihr Leben aufzunehmen".

Jetzt legte uns der Herr immer mehr den Gedanken aufs Herz, beim Weitersagen der guten Nachricht und in der Nacharbeit mit denen, die Bekehrte geworden waren, etwas systematischer vorzugehen. Irgendein Treffen in unserem Haus schien die Antwort zu sein, aber wir wussten nicht, wie und wo wir anfangen sollten. Zum Glück starteten wir nicht voreilig, d. h. bevor wir die Kassette von Carol Davis gehört hatten. Buchstäblich von Kindheit an hatte Carol damit zu tun, Gemeinden zu gründen – die meisten davon durch Evangelisieren und nicht durch Abwerben von Gemeindemitgliedern oder Integration gemeindeloser Gläubiger.

„Wenn du es kannst, warum sollten sie es nicht können?"

Obwohl der Titel ihrer Präsentation, die sie bei einer Konferenz in Südkalifornien gab, „Gemeinden reproduzieren Gemeinden" war, haben die Prinzipien, die sie erläuterte, deutlich mit unserem Anliegen zu tun, die Bekehrten, die der Herr uns gibt, weiterzuführen.

Es gab einen Begriff, den ich aus ihrer hervorragenden Präsentation herauspickte, der für jede Situation absolut entscheidend zu sein scheint. Sie erläuterte diesen Begriff durch Beispiele aus ihrer eigenen, harten Erfahrung: es sei katastrophal, einen Hauskreis oder eine Hauskirche zu beginnen, ohne zuerst die „Person des Friedens" gefunden zu haben.

Als sie einige Jahre nach ihrer Kindheit und Jugend erkannt hatte, dass sich keine der Gemeinden, die ihre Eltern gegründet hatten, reproduziert hatten, steckte sie in einem Dilemma. Sie hatten sozusagen „sterile" Gemeinden gegründet. Mit der Zeit entwickelte sie ein brennendes Interesse daran, herauszufinden, wie man Gemeinden gründen kann, die sich multiplizieren. Ihre Lektionen lernte sie schließlich, indem sie die Bibel und viel Literatur studierte, durch Versuch und Irrtum, durch alle möglichen Erfahrungen und durch persönliche Besuche bei erfolgreichen Multiplikatoren von Gemeinden.

Einmal besuchte sie auf den Philippinen Charles Brock, einen Missionar der „Südlichen Baptisten". Sein Buch „Practicing Principles of Indigenous Church Planting" (Prinzipien der Gemeindegründung unter Einheimischen) hatte sie sehr beeinflusst, aber auch einige unbeantwortete Fragen hinterlassen.

In dem Seminar erzählte sie den Pastoren: „Sobald ich Charles Brock auf den Philippinen traf, sagte ich: ‚Ich habe eine Frage, die ich Ihnen schon jahrelang stellen wollte. Sie gehen in die ärmlichen Gegenden von Manila und gründen schnell Gemeinden; diese bringen immer ihre eigene Leitung hervor, sind nie abhängig von Finanzen von außerhalb und reproduzieren sich immer. Ich kenne zwei andere Männer, die in der gleichen Gegend Gemeinden gründen und dafür sechs oder sieben Jahre brauchen. Diese Gemeinden sind immer abhängig, vermehren sich nicht und entwickeln auch nicht ihre eigene Leiterschaft. Diese Männer sagen, die Armut habe die Psyche der Leute zerstört und sie hätten keine Leitungsfähigkeiten. Ich möchte wissen, weshalb es bei ihnen klappt und bei den anderen nicht.'"

Eines der Dinge, die er erwähnte, war, er warte immer, bis er die „Person des Friedens" gefunden habe.

Die Frau am Fenster

„Eines Tages", erzählte er ihr anhand eines Beispiels, „dachte ich, dass in einer gewissen Gegend eine neue Gemeinde gegründet werden sollte. Als ich mich auf den Weg machte, sah ich eine Frau an einem Fenster im zweiten Stock. Ich dachte mir nichts dabei. Als ich eine Stunde später wieder zurückkam, war sie immer noch am selben Platz.

Gerade als ich auf meinem Motorroller an ihr vorbeifuhr, rief sie mir zu: ‚Sir, sind Sie ein Bibelmann?' Ich sagte: ‚Ja, ich lehre die Bibel.' Sie fragte mich: ‚Könnten Sie mich und meine Familie lehren?' Es begann einfach, weil Gott es vorbereitet hatte. Ich hatte gedacht, ich solle in eine andere Gegend gehen, aber dem war nicht so. Aber es begann hier, weil Gott es vorbereitet hatte. Ich hatte ohne Absicht – oder durch ein Wunder – die Person des Friedens gefunden."

Heute ist es für Carol und diejenigen, die sie lehrt, unerlässlich, die Person des Friedens zu finden, wenn sie eine neue Arbeit beginnen.

Warten Sie, und warten Sie auf die richtige Person

Carol Davis erklärte dieses Prinzip anhand der Geschichte aus Matthäus 10, wo Jesus an alle Orte, die er besuchen wollte, Zweiergruppen aussandte. „Durch die gesamte Bibel hindurch sehen wir", lehrte sie, „dass, wenn Gott etwas vorhat, er eine Person erwählt und ihr einige Leute zur Seite stellt. Dann tut er dieses Werk. Aber er sagt den Jüngern, er sende sie dahin, wo *er* hingehen und etwas tun wolle. Wir wissen, dass er schon dort war, bevor er sie sandte, da er eine bestimmte Art von Person vorbereitet hatte. Das ist ein sehr mächtiges Prinzip."

Sie entfaltete dann den Gedanken, dass Gott jedes Mal schon eine bestimmte Art von Person vorbereitet hat:

> „Welches Haus ihr zuerst betretet (zitierte sie Lukas 10), sagt: Friede diesem Haus, und falls ein Mann des Friedens (oder: eine Person des Friedens) da ist, wird euer Friede auf ihm ruhen; falls aber nicht, wird euer Friede auf euch zurückkehren. Bleibt aber in diesem Haus und esst und trinkt, was sie euch vorsetzen, denn der Arbeiter ist seines Lohnes wert. Geht aber nicht von Haus zu Haus."
>
> Für diese Sache gibt es Gründe. Ist sie apostolischer Natur – mit anderen Worten: Ist es „Hingehen und Gemeinden gründen"? –, dann muss es ein präzises Ernten sein. Meine Sicht des Gemeindegründens (oder wie in unserem Fall, eine Art von Nachbarschaftsgruppe zu entwickeln – der Autor) ist, dass es Erntezeit ist. Es ist nicht Zeit zu säen oder zu kultivieren. Gott sagt, dass die Ernte groß ist. Er hat Menschen vorbereitet. Wenn er uns gesandt hat und wir auf seiner Wellenlänge sind, dann wird es Leute geben, die bereit sind. Das sind die Leute, die er als Kerngruppe für die Gründung dieser Gemeinde vorgesehen hat.
>
> Er hat sogar eine oder mehrere bestimmte Personen vorbereitet, die er Person(en) des Friedens nennt. Ich sage Ihnen gleich, weshalb das so entscheidend ist. Überall sehe ich Gemeindegründer, die so lange suchen, bis sie jemand finden, der empfänglich ist; dies ist aber oft nicht die Person des Friedens. Deshalb wird der Start der Gemeinde langsam vor sich gehen und ist auch nicht unbedingt sehr spontan.
>
> Meiner Ansicht nach ist das Gemeindegründen zunächst Erntezeit. Wenn man diese Kerngruppe geerntet hat, dann geht es um das Säen und Pflegen weiterer Beziehungen. Deshalb sagt er: „Geht nicht von Haus zu Haus." Das ist das Netzwerk, in dem sie arbeiten werden ...
>
> (Der Herr) sagt, wir sollen gehen, bis wir eine bestimmte Art von Person finden. Pastoren, Kleingruppenleiter und Gemeindegründer hören meist auf, bevor sie diese Person gefunden haben. Es sind sehr spezielle Personen, die Gott auf einzigartige Weise vorbereitet hat. Ich glaube, dass dies einer der entscheidenden Faktoren bei einer Gemeindegründung ist, den wir verstehen und von

> dem wir lernen müssen. Es gibt keinen Vers, der angibt, wie die Person des Friedens aussieht. Wir können aber Menschen des Friedens beobachten und im Nachhinein sehen, wo Gott am Wirken war, und dabei mit der Zeit den roten Faden erkennen.

Davis wies darauf hin, dass, wenn wir in den Evangelien einmal anfangen, nach solchen Personen zu suchen, sie überall auftauchen. „Lydia war eine", sagte sie. „Cornelius gehörte dazu und ebenso der Dämonenbesessene. Die Frau am Brunnen war auch eine. Es gab noch andere."

Sie wies auch darauf hin, dass alle diese Personen drei Eigenschaften haben:

1. Sie sind empfänglich. Nicht jede empfängliche Person ist eine Person des Friedens. Sie werden unterwegs viele Leute treffen, die Christus aufnehmen, bevor Sie diese Person des Friedens gefunden haben. Aber jede Person des Friedens ist empfänglich.
2. Es handelt sich um Personen mit einem Ruf. Es mag ein guter oder ein schlechter Ruf sein, aber sie sind bekannt. Die Frau am Brunnen hatte einen schlechten Ruf. Cornelius hatte einen guten Ruf.
3. Sie haben Einfluss. Es sind Leute, die Christus anderen weiterempfehlen, wenn sie ihn einmal gefunden haben.

Sie sind also empfänglich, bekannt und haben Einfluss. Eine ganz bestimmte Art von Menschen. Wenn diese sich für Christus interessieren, werden andere folgen.

Das Beispiel des Dämonenbesessenen

Davis arbeitete das am Beispiel des Dämonenbesessenen aus (vgl. Mk 5):

> Als Jesus in die Stadt kam, schrie der Dämonenbesessene draußen in den Höhlen; er war widerlich. Jesus trieb die Dämonen aus, schickte sie in die Schweine, die Schweine stürzten sich über die Klippen und die ganze Stadt war entsetzt. Sie wollten, dass Jesus verschwindet. Sie stießen ihn schnell aus der Stadt hinaus. Dadurch kam es zum ersten freiwilligen Auslandsmissionar. Das war der ehemalige Besessene, der nun mit Jesus gehen möchte. Jesus

> sagt: „Nein, du gehst nach Hause zurück."
> Ein paar Kapitel später kommt Jesus wieder in dieselbe Region, aus der er hinausgeworfen worden war, und nun wollen ihn alle haben. Der einzige Unterschied zwischen diesen beiden Szenen ist, dass jetzt ein befreiter Dämonenbesessener unter ihnen lebt, ein verwandeltes Leben, das jeden Tag die Macht Gottes demonstriert, Menschen zu verändern.

Hat man das einmal erkannt, dann wird es zu einer sehr mächtigen Sache. Es wird zum authentischen Zeugnis dafür, wer Christus ist und was er tun kann. Wenn Sie sich also auf den Weg machen, halten Sie nach dieser bestimmten Art von Person Ausschau. Wenn Sie sie finden, werden Sie einen sauberen Gemeindestart haben. Sie werden dort bleiben und den Einflussbereich dieser Person durchgehen.

Vom Erhalt zum Auftrag

Wie Sie sehen, habe ich ein Prinzip für die Multiplikation von Gemeinden genommen und es an das einfache Anliegen angepasst, unsere Nachbarschaftsbeziehungen bis zu dem Punkt zu verfolgen, dass wir diejenigen, die Interesse gezeigt haben, zu Jüngern machen. Tatsache ist, dass ich höchstens ein paar Leser dieses Buches davon überzeugen könnte, sie sollten – selbst wenn sie es könnten – eine Gemeinde beginnen. Schon wenn man mit Pastoren oder Leitern von Gemeindeverbänden über das Gründen von *Haus*-Gemeinden (oder Hauskirchen) spricht, wird man mit der festgefahrenen Vorstellung konfrontiert, für die paar wenigen, die möglicherweise einmal eine Gemeinde in einem Haus um sich sammeln würden, wäre wahrscheinlich eine jahrelange Ausbildung nötig.

Was aber, wenn es durch Gottes Gnade tatsächlich zu Millionen Leuchthäusern in unserem Land kommen würde? Es würde Bekehrte geben. Mit der Zeit eine Unmenge davon. Und viele Leuchthaus-Leiter, die ihre Nachbarn die Beziehungspyramide hinaufgeführt haben, würden sich darin wiederfinden, dass sie diese Bekehrten spontan in ihren Häusern um sich sammelten, um sie weiter zu schulen, um mit ihnen anzubeten und um diese neuen Gläubigen für jeden Aspekt des Dienstes zuzurüsten.

Wir würden Hausgemeinschaften – *Gemeinden* – überall aus dem Boden schießen sehen. Sie würden wieder auf eine sehr natürliche, kostengünstige, sich selbst erhaltende und sich selbst vermehrende Weise entstehen.

Wir müssen unsere Sichtweise (Paradigma) ändern. Wir müssen den satanischen Würgegriff zerbrechen, der sagt, „Kirche" sei lediglich die Erhaltung der Reinheit des Lebens und der Lehre derer, die schon im „Klub" sind. „Kirche" muss vom Erhalt zum Auftrag voranschreiten. Jeder Gläubige muss erkennen, dass er als Mitglied des Leibes Christi den Auftrag hat, seinen Nächsten durch Liebe, Gebet, Fürsorge und Weitersagen zu erreichen und diejenigen, die der Herr durch Bekehrung in die Herde bringt, zu Jüngern zu machen.

Eine klassische und durchaus akzeptable Definition von „Missionar" ist: Einer, der zu denen gesandt ist, die das Evangelium noch nie gehört haben; jene Spezialisten, für die wir ein paar Geldstücke in den Opferkorb werfen und die dann über die Meere geschickt werden. Aber jeder von uns hat den Auftrag, sich seinen Nachbarn zuzuwenden, von denen die meisten noch nie wirklich das Evangelium auf eine Art gehört haben, die für sie Sinn macht. So gesehen sind wir alle Missionare. Gott kann und möchte Sie und mich benutzen, um in unseren Nachbarschaften und in unseren sonstigen Beziehungen Missionare zu sein.

Schließlich fanden wir unsere

Die „Person des Friedens" zu finden und einige Nachbarn in unserem Haus zu versammeln, erfolgte in unserer Situation nicht besonders schnell. Das wird in den meisten anderen Nachbarschaften der westlichen Welt nicht anders sein. Drei Jahre lang wollten wir eigentlich schon damit beginnen, diejenigen, für die wir beteten und um die wir uns kümmerten, in einer Art Hauskreis zu versammeln.

Schließlich entdeckten wir die Person des Friedens durch die kleine Trudy selbst. Denn immer wenn wir Trudy zu einer Veranstaltung einluden, wollte sie eine Freundin mitbringen. (Es war diese Führungsqualität, die zur Folge hatte, dass ein hoher Prozentsatz an Mädchen aus der Mittelstufe später die Nachbarschaftstreffen besuchte.) „Yvonne" war eine von ihnen. Als wir Trudy 1999 einluden, die Sommerfreizeit unseres Gemeindeverbandes zu besuchen, wollte sie nur gehen, wenn auch Yvonne mitkommen würde.

Das bedeutete natürlich, dass wir die Erlaubnis von Yvonnes Eltern brauchten. Später fanden wir heraus, dass ihre Eltern ziemlich neugierig geworden waren, wer dieser Jim Montgomery war. Denn Yvonne sprach häufig von Jim und Lyn, die so sehr daran interessiert waren, ihrer Freundin Trudy zu helfen. Jetzt waren sie sogar bereit, für Yvonne einen Teil der Kosten zu übernehmen, damit sie eine Woche lang auf diese Freizeit gehen konnte!

Als sich die *Kontakte* zu Yvonnes Eltern zu einer *Bekanntschaft* weiterentwickelten und schließlich deren *Interesse* offenbar wurde, zeigte sich, dass sie auch *Suchende* waren. Sie waren in den vergangenen Monaten durch eine geistliche Krise gegangen, wodurch sie einen großen Hunger bekamen, den Herrn besser kennenzulernen und mit ihm zu leben. Sie wollten unbedingt, dass ihre beiden Söhne etwas Ähnliches erlebten wie ihre Tochter Yvonne, Trudy und andere. Schnell wurde klar, dass wir das Haus des Friedens gefunden hatten. Ohne ihre große Begeisterung und Mithilfe hätte das spätere Nachbarschaftstreffen nicht überleben können.

Lyn hört vom Herrn – schon wieder!

Wie üblich war es Lyn, die vom Herrn hörte, welchen Schritt wir in unserem fortdauernden Nachbarschafts-Abenteuer als nächsten gehen sollten. Sie kam gerade davon zurück, Ginger, unsere süße und liebevolle kleine Dackelin, auszuführen, die auf ihre Weise eine echte Botschafterin des guten Willens ist. „Folgendes werden wir tun", sagte sie zu mir, und ihre Stimme klang sehr zuversichtlich. „Am Sonntag in einer Woche werden wir unsere Hausgemeinde beginnen. Dazu werden wir zunächst drei Familien zu einem Treffen bei uns um 11 Uhr einladen. Um 12 Uhr werden wir dann zusammen zu Mittag essen."

Elf Uhr, da sie glaubte, dass Leute, die nicht zur Kirche gehen, bis dahin aus den Federn gekommen sein könnten. *Ein Mittagessen servieren,* da Essen immer Leute anzieht und da diese Familien schon gewohnt waren, zu Nachbarschaftsgrillfesten oder gelegentlich zu einem Abendessen zu uns zu kommen. *Drei Familien* – von den fünfzehn in unserer Straße –, da sie diejenigen waren, die am meisten Interesse bekundet hatten, Antworten auf ihre geistlichen Nöte zu finden.

Es stellte sich heraus, dass sie – *natürlich* – recht hatte!

Alle, die wir einluden, wollten kommen; vier von ihnen verpassten allerdings das erste Treffen, weil sie krank waren oder wichtigere Verpflichtungen hatten. Diese kamen die Woche darauf. Mit zwei Mädchen im Mittelstufenalter, die aus einem anderen Viertel kamen, hatten wir am ersten Sonntag zehn und am nächsten zwölf Leute. Nach den ersten acht Wochen – hier stehen wir, während ich dies schreibe –, waren insgesamt 21 unterschiedliche Leute gekommen, und wir waren durchschnittlich etwa zwölf Personen.

Was jetzt?

Alles klar, aber was *tut* man in dieser einen Stunde mit einem drei Wochen alten Baby, drei oder vier Jugendlichen der Mittelstufe, zwei Teenagern, vier Erwachsenen und zwei Großeltern (uns), die aus den benachbarten Häusern zusammengekommen sind? Warum nicht dem Vorbild des Neuen Testaments folgen?

> *Wenn ihr zusammenkommt, so hat jeder einen Psalm, hat eine Lehre, hat eine Sprache[nrede], hat eine Offenbarung, hat eine Auslegung; alles geschehe zur Erbauung* (1 Kor 14,26).

Einiges davon war wohl nicht so einfach zu machen, aber ich dachte, wichtig wäre vor allem, dass wir nicht einfach zu unseren Nachbarn sprechen, sondern sie alle zur Teilnahme bewegen. Der Herr erinnerte mich an eine vor kurzem durchgeführte Studie, die besagt, dass über 90 Prozent der Amerikaner beten. Deshalb war das Vaterunser vielleicht der gemeinsame Nenner.

„Vater unser im Himmel ..."

„Wie war euer Vater?", fragte ich sie, als sie sich am ersten Sonntag in unserem Wohnzimmer niederließen. Es stellte sich heraus, dass mindestens drei von uns, aus unterschiedlichen Gründen, nie einen Vater gehabt hatten. „Wie müsste ein idealer Vater sein?" Es gab viele gute Antworten. „Wie stellt ihr euch einen liebenden, himmlischen Vater, der alle Macht hat, vor?"

Hätte das Baby nicht genau um 12 Uhr zu weinen begonnen, dann hätten sie unter Beteiligung aller Altersstufen immer weitergemacht. Aber ich sagte ihnen, dies sei das Zeichen vom Herrn, dass ich mein Versprechen halten müsse, nämlich dass keine Sitzung länger als 60 Minuten dauern würde.

Jeder hat ***etwas*** *beizutragen*

In den folgenden Wochen befassten wir uns noch mit weiteren Abschnitten des Vaterunsers, einen nach dem anderen, diskutierten über die grundsätzlichen Bedeutungen und versuchten sie auf unser normales Nachbarschaftsleben anzuwenden. Im Verlauf dessen entdeckten Lyn und ich, dass sich mehr oder weniger alle Gedanken der Bibel mit einem oder mehreren Sätzen dieser extrem komprimierten Form der christlichen Botschaft verknüpfen lassen. Für Lyn und mich und auch immer mehr für unsere Nachbarn wurde das Vaterunser zu sehr viel mehr als einem Gottesdienst-Ritus.

Wir fuhren damit fort, dieses mächtige Gebet nicht nur mit anderen biblischen Gedanken in Verbindung zu bringen, sondern auch mit den Erfahrungen unserer „Gemeinde"-Mitglieder. Der 16-jährige Sohn eines Nachbarn hatte zum Beispiel nicht lange vorher mit einer Gruppe junger Leute aus einer katholischen Gemeinde das Heilige Land besucht. Ich bat ihn deshalb, er solle alle Bilder und Gegenstände, die er auf seiner Reise gesammelt hatte, zu unserem Treffen mitbringen. Einige seiner Fotos waren vom Berg der Seligpreisungen, auf dem Jesus die versammelte Menge gelehrt hatte, wie man gesegnet wird und wie man beten soll. Wir benutzten dieses „Anschauungsmaterial" als Aufhänger, um einige Sonntage lang über die Seligpreisungen zu reden, die ja Jesu Lehre über das Gebet vorangehen.

Indem wir den Vers aus 1. Korinther 14,26 auf unsere Situation bezogen, versuchten wir auf einfach alles und jedes einzugehen, was die einzelnen Teilnehmer zu der Situation beizutragen hatten. Wenn wir dachten, dass er in den Zusammenhang passte, ließen wir Trudy Jeremia 29,13, ihren Vers von der Freizeit, aufsagen und auch andere Verse, die sie gerade auswendig lernte.

Gerry, Trudys Freund, der einen anderen ethnischen Hintergrund hat, hatte aus bestimmten Gründen damit begonnen, die Reihenfolge der Bücher des Neuen Testaments zu lernen. Immer wenn es um einen Vers aus diesem Teil der Bibel ging, ließen wir Gerry alle Bücher bis zu dem gesuchten aufsagen. Auf diese Weise lernte die gesamte Gruppe nicht nur nebenher die Namen der Bücher der Bibel, sondern wir verhinderten, dass unsere Nachbarn in Verlegenheit kamen, weil sie die Verse in den Bibeln, die wir ihnen gegeben hatten, nicht finden konnten.

Was die Lieder anging, begannen wir ganz natürlich mit denen, die Trudy und Yvonne auf der Freizeit gelernt hatten; Lieder, die die Mädchen leidenschaftlich sangen, während der Rest der Gruppe sie lernte. Wir fügten noch Weihnachtslieder hinzu, da die Weihnachtszeit näher rückte, und am Heiligen Abend gingen wir sogar in der Nachbarschaft Weihnachtslieder singen.

In Bezug auf das Gebet taten wir, was auf der Hand lag. Wir orientierten uns am Vaterunser und beteten für Anliegen, die mit echten Situationen zu tun hatten, in denen die Einzelnen steckten.

Die erste große Gebetserhörung kam etwa in der zehnten Woche, als ein Richter eine der Mütter von einer ausstehenden 90-tägigen Gefängnisstrafe freisprach. Sie hatte keine kriminelle Handlung begannen, hatte aber in einer langen und komplizierten Situation, auf die wir jetzt nicht näher eingehen müssen, 100 Stunden gemeinnützige Arbeit ableisten müssen. Die Unterlagen waren jedoch verloren gegangen, und die Leute, für die sie diesen Dienst getan hatte, waren schon lange nicht mehr aufzufinden; sie brauchte aber einen schriftlichen Nachweis ihrer Arbeit. Die Gruppe betete, und der Herr zeigte uns genau, was wir dem Richter vorlegen sollten. Obwohl es nicht genau dem entsprach, was er gefordert hatte, erkannte er das Dokument an – als Antwort auf unser Gebet, wie wir als Gruppe glaubten.

An einem anderen Sonntag baten wir einige Gruppenmitglieder, für die spezifischen Anliegen zu beten, die sie erwähnt hatten. Wir halfen dabei insbesondere den jungen Teenagern, Gebete aus einem oder zwei Sätzen zu formulieren, bevor wir mit dem Gebet begannen.

Wie Sie sehen können, haben wir von Anfang an jedes Mal versucht, fast jeden zu beteiligen. Wir zeigten und besprachen kurze Videofilme. Wir gaben Papier und Bleistift aus, damit sie Geschichten illustrieren oder Antworten auf Fragen sowie persönliche Gebetsanliegen aufschreiben konnten. Als wir zu „Vergib uns unsere Schuld" kamen, baten wir sie, ihre Sünden auf einem Blatt Papier zu bekennen. Diese Blätter zerrissen wir dann und warfen sie in einen Papierkorb, um damit zu verdeutlichen, dass Jesus die Sünden beseitigt und vergisst.

Im Laufe der Wochen übernahmen zunächst meine Frau und später „Andy", der Vater des „Haus des Friedens", immer mehr die Leitung der Gruppe. Aufgrund seiner tiefen Hingabe an die Treffen wurden Andy und seine sechsköpfige Familie zum Herz und Kern unserer Gemeinschaft und verdeutlichten damit wieder, dass man zuerst den Mann des Friedens finden muss, bevor man eine Gruppe beginnt.

Kein Handbuch

Es ist sicherlich klar, dass wir noch immer in der Anfangsphase dieser Gruppe stehen. Weder können wir schon viele Ergebnisse vorweisen, noch haben wir den Eindruck, es sei Zeit, die Familien der anderen zwölf Haushalte in unserer Nachbarschaft einzuladen. Wir werden allerdings weiterhin nach Gelegenheiten suchen, auch sie zu ermutigen zu kommen.

Bei diesen Erfahrungen schienen wir die Zeitpunkte und die Führung des Herrn für das, was wir als Nachbarschaftstreffen bezeichneten, gefunden zu haben. Obwohl ich fest daran glaube, dass es das Ziel eines jeden Nachbarschafts-Leuchthauses sein sollte, ein gewisses Treffen dieser Art zu entwickeln, bin ich mir auch der möglichen Hindernisse bewusst. Es kann Monate oder Jahre dauern, bevor der Herr sein Okay gibt. In manchen Fällen wird dieses Ziel aus guten Gründen möglicherweise niemals erreicht. Es wird auch solche geben, die bereit sind, sich Ihrer bestehenden Gemeinde anzuschließen, ohne diese „Vorstufe" zu durchlaufen.

Es ist auch klar, dass diese Darstellung kein festes Schema sein soll, dem Sie folgen sollen. Unsere kurze Erfahrung lässt mich vermuten, dass jede Situation anders sein wird. Zum Beispiel waren wir in den ersten Wochen unseres Nachbarschaftstreffens durchschnittlich etwa zwölf Leute pro Sonntag. Allerdings waren jedes Mal sechs oder sieben von ihnen Schüler(innen) der Mittelstufe, bis zu sechs davon Mädchen! Das war eine ganz andere Herausforderung, als wenn wir in erster Linie mit Erwachsenen begonnen hätten. Man muss auch den religiösen Hintergrund und die Erfahrung der teilnehmenden Nachbarn berücksichtigen, ebenso wie die vielen Unterschiede, was das Einkommen, den Beruf, das Alter sowie die persönlichen und Familiensituationen angeht.

Mit diesem Kapitel wollte ich also kein Handbuch liefern, wie man eine Nachbarschafts-Hauskirche beginnen kann. Es gibt viele gute Medien, die darauf eingehen. Die meisten davon beschäftigen sich übrigens damit, wie man in einer Atmosphäre, die in etwa den Treffen der Urgemeinde entspricht, reife Christen versammeln kann, die eine tiefere Gemeinschaft mit dem Herrn und mit anderen Gläubigen suchen.

Uns geht es hier jedoch einfach darum, zu betonen, dass wir unser Beten, Kümmern und Weitersagen ergänzen müssen mit Gelegenheiten,

- dass unsere Nachbarn mehr über den Herrn erfahren können, wenn sie dazu bereit sind,
- dass sie den Herrn als persönlichen Retter aufnehmen können, wenn die Zeit dafür reif ist, und
- dass sie als Jünger des Herrn Jesus Christus wachsen können.

Es hat einen Preis

Ich sage nicht, dass dieser Übergangsprozess für uns einfach war und ist. Manchmal fühle ich mich selbst innerlich ziemlich zerrissen, wenn ich einen der Gottesdienste unserer Gemeinde besuche, der gerade nicht mit unseren Treffen zu Hause zusammenfällt. Auf der einen Seite stehen der gewohnte Ablauf, die guten Freunde, die Wärme der Anbetungslieder und die gesunde Lehre des Wortes. Auf der anderen Seite denke ich während dieser Gottesdienste, dass dies alles in unseren geschlossenen evangelikalen Kreisen, in unserem kleinen „Club" passiert. Wie sehne ich mich da nach den Nachbarn, mit denen wir so enge Beziehungen bekommen haben, dass wir diese erfreulichen Erfahrungen machen durften.

Da ich außerdem mit 70 Jahren noch fast Vollzeit arbeite, gibt es auch einen Ermüdungsfaktor, den ich berücksichtigen muss. Denn je mehr wir uns in unserer Nachbarschaft engagieren, desto mehr Zeit und Energie brauchen wir dafür. Die Sonntage verbringen wir nun damit, das Haus vorzubereiten, Mittagessen für die Leute zu kochen, zu koordinieren, welche Nachbarn etwas mitbringen könnten, sowie zu telefonieren, um herauszufinden, wie viele kommen werden. Wir versuchen uns auch im Gebet darauf vorzubereiten, dass es eine interessante und sinnvolle Stunde der Anbetung und Gemeinschaft mit denen wird, die noch nie oder seit Jahren nicht mehr in einer Kirche waren.

In diesem Buch habe ich aufzuzeigen versucht, dass zu einem bestimmten Grad jeder Haushalt ein Leuchthaus werden kann. Sie können für diejenigen, die der Herr Ihnen aufs Herz legt, regelmäßig beten, ob es viele oder wenige sind. Sie können, entsprechend Ihren Fähigkeiten und der Führung Gottes, Ihren Nachbarn auf konkrete Weise zeigen, dass Sie sich um sie kümmern, mit ihnen fühlen und Anteil nehmen. Denjenigen, zu denen Sie eine Beziehung aufgebaut haben, können Sie als Antwort auf ihre Fragen das Evangelium weitersagen und sie in eine treue Jüngerschaft führen, wenn sie einmal den Herrn kennengelernt haben. All dies hängt mehr oder weniger mit Ihrer Persönlichkeit, Begabung und Ihren Lebensumständen zusammen.

Sie und Ihre Familie können in Ihrer Nachbarschaft ein Leuchthaus zur Ehre Gottes werden.

Werden Sie die Kosten auf sich nehmen?

Die Frage bleibt, ob sich genügend Gläubige der Herausforderung stellen werden, in ihrem Land einen echten Unterschied zu machen. Ihr (sogenannten) Laien, werdet ihr beginnen, dem Herrn zu gehorchen, euren Nächsten wie euch selbst zu lieben, entsprechend dem, wie Gott euch führt? Und ihr Pastoren, werdet ihr eure Gemeinde mobilisieren? Werden Sie sich an einem gemeinsamen Vorhaben beteiligen, Ihre Stadt mit dem Licht des Evangeliums zu erfüllen?

Leiter von Gemeindeverbänden und christlichen Werken, können Sie das Gesamtbild sehen? Können Sie sich vorstellen, dass der gesamte Leib Christi landesweit als der Leib funktioniert, der das Leben des Retters in jeder Ecke und jedem Winkel unserer Länder inkarniert?

Wagen wir solche Träume zu träumen? Können wir es uns umgekehrt leisten, die Stimme Gottes zu ignorieren, der seine Leute aufruft, sich ernsthaft daranzumachen, die Aufgabe, die er uns schon so lange aufgetragen hat, zu vollenden?

Lassen Sie es uns probieren.

TEIL V

Wagen

KAPITEL 7

Lassen Sie es Satan nicht auslöschen

Nachdem ich mir die starken Predigten von Pastor Rob angehört hatte, schrieb ich sie Wort für Wort ab, sandte ihm eine Kopie und fragte ihn, ob er sich mit anderen in Colorado Springs treffen wolle, die dieselbe Vision hatten. Ein paar Wochen später traf ich mich mit Pastor Rob, Pastor Ken und deren Assistenten, um unsere gemeinsame Last und Vision zu besprechen.

An einer Stelle fragte ich Pastor Rob, ob er nach seinen brillanten Predigten über die Liebe um der Liebe willen jetzt auch ein langfristiges Konzept dafür habe, wie er seine Leute mobilisieren wolle, ihre Umgebung zu erreichen.

„Nein, eigentlich nicht." – „Aha!", dachte ich bei mir. „Da haben wir ein Problem." Denn selbst die Worte der größten Prediger – mit Ausnahme der Bergpredigt (aber auch diese wurde aufgeschrieben, damit sie später Millionen nachlesen konnten) – lösen sich in erstaunlich kurzer Zeit in Luft auf.

Falls Pastor Robs Gemeinde tatsächlich die Last und Vision, über die er predigte, umsetzen will (welch ein Gedanke!), dann braucht es dazu einiges mehr als ein paar großartige exegetische Predigten und einige passende humorvolle Illustrationen!

Wenn die Nachbarn zu lieben und echte Beziehungen zu ihnen einzugehen für Christen jemals wieder zu einem normalen Lebensstil werden soll, dann bedarf es dazu einiges an systematischer Lehre und bewusstem Planen. Weiterhin ist harte Arbeit nötig sowie eine Menge Gebet für uns selbst, für unsere Pastoren und für unsere Gemeinden. Ansonsten lassen wir zu, dass Satan es auslöscht. Die Vision wird verloren gehen, das Gebot wird nicht befolgt werden und die Kirche wird weiterhin Trübsal blasen.

Die Lektion von Lonnie

Wie mobilisieren wir eine Gemeinde, einen Gemeindeverband, die Gemeinden einer Stadt und letztlich die gesamte Kirche eines Landes für eine Multiplikation von Leuchthäusern, um ein geografisches Gebiet mit der „inkarnierten" Gegenwart Christi zu durchdringen und um zu erreichen, dass jeder Einwohner des Landes jemand hat, der für ihn betet, sich um ihn kümmert und ihm im weitesten Sinne des Wortes Zeugnis gibt? Es wird nicht geschehen, wenn sich die Kirche nicht auf allen Ebenen einen solchen Traum bzw. eine solche Vision vornimmt.

Pastor Ken sagt dazu:

> Ich möchte euch das verdeutlichen. Einer unserer Freunde in unserem Dienst in Illinois war Lonnie. Er war ein hervorragender Baseballspieler für die Universität von Georgia. Er wurde für das Hauptteam verpflichtet und spielte dann in der Hochschul-Liga. Dort blieb er eine Zeit lang und spielte dabei mit einigen heute sehr bekannten Leuten. Er lernte sie gut kennen und ist noch immer mit ihnen befreundet.
>
> Lonnie schaffte es nicht ganz, zu den Besten zu gehören, aber er war jetzt einer, der für einige Teams Spieler rekrutierte. Als wir eines Tages über seine Sportlerkarriere sprachen, sagte er plötzlich zu mir: „Ken, du glaubst nicht, welch starke Beziehungen in diesem Universitätsteam entstanden sind, dem ich angehörte. Wir waren Brüder. Wir dachten dasselbe, sahen gleich aus, wir liebten dieselben Dinge, weil wir zusammenwuchsen. Wir hatten eine echte Gemeinschaft. Das Schwierigste in meiner Karriere war, von diesen Brüdern wegzugehen und dieses Team aufzulösen, als die Leute zu verschiedenen Profimannschaften wechselten und verschiedene Lebenswege einschlugen. Das war extrem schwierig."
>
> Als ich ihn fragte, warum das so war, sagte er: „Weil wir ein gemeinsames Ziel hatten. Wir lebten nicht für uns selbst und auch nicht, um einfach nur Brüder zu sein. Wir waren dazu da, gutes Baseball zu spielen und Spiele zu gewinnen."

Ein gemeinsames Ziel. Das ist das Modell für den Erfolg einer jeden Gruppe, die sich einer Sache verpflichtet. Als die ersten transkontinentalen Eisenbahnen quer durch Amerika gebaut wurden, begannen die Arbeitsgruppen damit, pro Tag etwa eine Meile an Schienen zu verlegen. Dann packte sie plötzlich die Leidenschaft, die Mitte der Strecke zu erreichen, bevor die Mannschaft von der anderen Seite da war. Am Ende schafften sie es, pro Tag 20 Meilen Schienen zu verlegen!

Sie hatten ein gemeinsames Ziel. Sie arbeiteten nicht nur für sich selbst. Sie lebten nicht nur untereinander ihre brüderliche Liebe aus. Sie wollten gewinnen!

Wie viele Leuchthäuser werden gebraucht?

Was Amerika angeht, gehen wir davon aus, dass 10 Millionen Leuchthäuser gebraucht werden Was Ihr Land oder Ihre Region angeht, können Sie das selbst ausrechnen. Wenn man von 2,5 Personen pro Haushalt und zehn Haushalten pro Nachbarschaft ausgeht, kommt man auf etwa 40 000 Leuchthäuser pro1 Million Einwohner (oder 1 Leuchthaus pro 25 Einwohner).

Diese Zahlen sind natürlich vereinfachte Verallgemeinerungen. Es ist klar, dass viele in Mehrfamilienhäusern oder Wohnblocks leben, manche wohnen abseits auf einer Farm; viele Wohlhabende leben auf großen Grundstücken usw. Es gibt sicherlich Nachbarschaften mit mehr als einer christlichen Familie und solche ohne einen wiedergeborenen Gläubigen. Diese Zahlen berücksichtigen auch nicht unsere beziehungsmäßigen Nächsten, die vielleicht über die ganze Stadt oder das ganze Land verteilt sind. Und natürlich können wir nicht einfach eine Zahl auf eine Tafel schreiben und erwarten, dass sich die Leute voller Eifer daraufstürzen und sich die Ziele zu eigen machen.

Trotzdem: Nachdem ich gesehen habe, wie Evangelikale sich für wichtige Ziele gewinnen ließen, sei es in Tausenden örtlichen Gemeinden, in Hunderten von Gemeindeverbänden, in einer Vielzahl ganzer Städte, Regionen und Bundesländern, in Dutzenden von Ländern und sogar in einem ganzen Erdteil, wo man sich 500 000 neue Gemeinden zum Ziel gesetzt hat, kann ich mir leicht vorstellen, dass der Leib Christi sich für ein solches Ziel vereint.

Das Pferd von hinten aufzäumen

Ich habe hier keinen Platz, wie ich es in anderen Büchern getan habe (insbesondere in „DAWN 2000"), alle biblischen und praktischen Gründe anzuführen, weshalb es wichtig ist, sich Ziele zu setzen. Können wir zehn- oder zwanzigfach effektiver sein als jetzt, indem wir das Leben Jesu Christi den Millionen von Einwohnern unseres Landes vorleben? Da ich gesehen habe, wie in Dutzenden von Ländern die Gemeindegründungsrate verdoppelt und verdreifacht wurde – eine Aufgabe, die viel schwieriger ist, als einfach nur Leuchthäuser zu beginnen –, ist die Antwort für mich ein klares Ja. Manchmal funktioniert es in etwa wie bei einem Bauprojekt einer Gemeinde, wo eine Markierung anzeigt, wie nahe man dem Ziel schon gekommen ist, die Gesamtkosten aufzubringen. Es fordert die Leute heraus und motiviert sie.

„In der christlichen Gemeinde zäumen wir das Pferd von hinten auf", verkündete Pastor Ken seiner Gemeinde. „Der Wagen sagt: ‚Zuerst müssen wir eine Gemeinschaft werden. Wir müssen einander lieben. Wenn wir dann unsere eigenen Probleme gelöst haben, können wir uns unseren Nachbarn und anderen Menschen zuwenden.'"

Einer der verbreitetsten Irrtümer der Kirche, der uns davon abhält, der klaren Lehre des Herrn zu gehorchen, ist, dass wir zuerst unser eigenes Haus in Ordnung bringen müssten, bevor wir uns anderen zuwenden könnten. Die Wahrheit ist aber, dass unser Haus in Ordnung gebracht wird, während wir gehorchen.

Pastor Ken sagte weiter:

> Ich habe gesehen, wie verschiedenste Gemeinden dachten, Kleingruppen, welchen Namen man ihnen auch immer gibt, seien die Antwort. Eine Zeit lang funktionieren sie ganz gut. Jeder lernt jeden kennen und es entwickeln sich gute Freundschaften. Nach einer gewissen Zeit beginnen sie sich aber wieder aufzulösen. Die ganze Sache verschwindet. Wisst ihr, warum? Weil wir das gemeinsame Ziel aus den Augen verlieren.
>
> Seht euch das Beispiel aus Apostelgeschichte 2 an. Stellten sie einfach nur Gruppen zusammen, um ihre Probleme zu lösen, damit sie dann eines Tages in die Welt hinausgehen könnten? Nein! Das Ziel, das sie zusammenbrachte, war, die Welt für Christus zu gewinnen, andere Menschen zu lieben, wie Gott sie liebte. Es war *Teil dieses Prozesses, die Botschaft anderen weiterzusagen,*

dass sie miteinander lernten, studierten, beteten und eine Gemeinschaft aufbauten. Dieses Ziel beherrschte sie ganz - und das Ergebnis war, dass die Gemeinde *täglich* um Hunderte und Tausende wuchs.

Es ist eine Tatsache: Wenn wir uns als *Hauptziel* aufeinander und auf unsere Bedürfnisse konzentrieren, werden wir nicht nur nicht wachsen, sondern immer mehr schrumpfen. Nur dann, wenn wir uns nach außen wenden und uns auf das gemeinsame Ziel konzentrieren, andere Leute um der Liebe willen zu lieben, und es Christus überlassen, sie zu sich zu ziehen, werden wir innerlich stark werden. Das garantiere ich.

Ziele erhalten eine Bewegung

Wie mobilisieren wir eine Gemeinde, einen Gemeindeverband, die Gemeinden einer Stadt und letztlich den gesamten Leib Christi eines Landes für eine Multiplikation von Leuchthäusern, um ein geografisches Gebiet mit der „inkarnierten" Gegenwart Christi zu durchdringen?

Als sich neun Leiter der Leuchthaus-Bewegung mit dieser Frage beschäftigten, bat mich Paul Cedar darum, einiges von dem, was wir in der DAWN-Bewegung weltweit gelernt haben, mitzuteilen. Wie war es möglich, auf den Philippinen 26 Jahre lang eine landesweite Bewegung lebendig zu erhalten und zu erreichen, dass sie sich in 53 andere Länder ausbreitete, die jetzt die Strategien vollständig umsetzen, sowie in weitere 100 Länder, die dabei sind, solche Strategien zu entwickeln? Gab es da etwas, wovon die Leuchthaus-Bewegung lernen konnte?

Meine erste Reaktion war, zu sagen, dass ich mich, was die USA angeht, noch immer eher als Neuling fühle, obwohl ich auf der ganzen Welt einiges an Erfahrung in der Entwicklung landesweiter Projekte gesammelt habe. Trotzdem scheint es einige allgemeine Prinzipien zu geben, die einen Rahmen für die Leuchthaus-Bewegung darstellen könnten, falls sie richtig verstanden und kreativ an unsere speziellen gesellschaftlichen und kirchlichen Sichtweisen angepasst werden.

Als ich in der folgenden Nacht über diese Anfrage nachdachte und betete, kam ich zu dem Schluss, dass ich diese Frage unter dem Gesichtspunkt „Ziele erhalten eine Bewegung" angehen soll.

Zehn Gebote für das Setzen von Zielen

Nicht irgendein Ziel wird es tun. Wie müssen Ziele aussehen, damit sie die Vorstellungskraft lokaler Gemeinden und des gesamten Leibes Christi so beflügeln, dass wir tatsächlich erwarten können, ein Leuchthaus in jedem Wohnviertel im Land zu haben? Aus unserer weltweiten Erfahrung mit landesweiten Strategien gehe ich davon aus, dass zumindest die folgenden zehn Aspekte, was Ziele und Zielsetzungen angeht, unbedingt notwendig sind, falls eine landesweite Bewegung akzeptiert werden und über lange Zeit fortbestehen soll. Diese grundlegenden Prinzipien sind auf jeder Ebene anwendbar, von der örtlichen Gemeinde über einen Gemeindeverband bis hin zum gesamten Leib Christi einer Stadt bzw. eines ganzen Landes.

Das Folgende könnte man als die zehn Gebote für das Setzen von Zielen in einem „Projekt, um Völker zu Jüngern zu machen", sehen.

1. Halten Sie das Ziel einfach und eindeutig.

Jim Collins schreibt, dass wir normalerweise zu viele Ziele haben. „Wenn wir zu jeder Möglichkeit (persönlich oder eine Gemeinschaft betreffend) ja sagen, dann wird das auf lange Sicht zum gleichen (schlechten) Ergebnis führen, wie wenn wir zu jeder Möglichkeit nein sagen. Warum? *Weil echte Größe Konzentration, Leidenschaft und Vision erfordert.* Wenn wir zu allem ja sagen, wird uns das vom Wesentlichen abhalten – und wenn wir zu allem nein sagen, wird uns das ebenso von dem abhalten, was unsere Leidenschaft uns sagt. In beiden Fällen können wir nur gut, aber nicht großartig sein."

Das internationale Werk „Aktion: In jedes Haus" ist ein hervorragendes Beispiel für ein *einfaches* Ziel, das für die ganze Welt gilt. Hat man einmal den Namen dieser Organisation gehört, dann weiß man schon ziemlich viel darüber, um was es ihr geht: in jedem Land der Welt christliche Literatur in jedes Haus zu bringen (plus Zeugnis zu geben und Bekehrte in sogenannten „Christus-Gruppen" zusammenzubringen).

Ebenso ist auch das Ziel der Leuchthaus-Bewegung einfach und eindeutig: Sorge dafür, dass es in jeder Nachbarschaft des Landes eine christliche Familie gibt, die für ihre Nachbarn betet, sich um sie kümmert und ihnen das Evangelium weitergibt. Das wird leicht verstanden und es lässt sich so gut wie nicht darüber streiten.

2. Dem Ziel müssen praktisch alle zustimmen können.

Einem Ziel, das wirklich den gesamten Leib Christi eines Ortes oder eines ganzen Landes mobilisieren soll, muss so gut wie jeder zustimmen können. Es darf nicht dadurch begrenzt werden, dass man darauf beharrt, es an bestimmte Gemeinde-Strategien, nebensächliche theologische Lehrmeinungen, Leitungsstile, Ausdrucksweisen usw. anzupassen. Im Konzept von DAWN konnte so gut wie jeder evangelikale Leiter die Tatsache akzeptieren, dass wir überall dort Gemeinden benötigen, wo es keine gibt. Für die Leuchthaus-Bewegung gilt: Wer kann bestreiten, dass es nötig ist, die „inkarnierte" Gegenwart Jesu Christi in jeder Nachbarschaft zu etablieren?

3. Das Ziel muss messbar und zeitlich begrenzt sein.

Ich bin fest davon überzeugt, dass einer der wichtigsten Gründe, weshalb auf den Philippinen eine Bewegung, die die gesamte Kirche und das ganze Land einschließt, ein Vierteljahrhundert lang Jahr für Jahr an Boden gewinnen konnte, darin lag, dass man sich auf ein messbares und zeitlich begrenztes Ziel festgelegt hatte. Das gilt auch für die vielen anderen Projekte, die den verschiedensten Ebenen folgten.

Die Vision, dass jeder Person in Ihrem Land Zeugnis gegeben wird, ist eine wunderbare, den biblischen Zielen entsprechende Aussage. Aber es ist kaum möglich, dies zu messen. Man kann nicht genau sagen, wie viel Fortschritt gemacht wurde oder wann das Ziel erreicht worden ist. Unser Traum, unsere Vision muss also auf sehr praktische und spezifische Art klar definiert sein.

In Colorado Springs, der Stadt, in der ich wohne, haben Untersuchungen gezeigt, dass durchschnittlich etwa ein Viertel der 382 000 Einwohner eine evangelikale Gemeinde besuchen. Somit verbleiben 286 500 ohne Gemeinde, eine Aufgabe, die selbst für die größten Gemeinden außer Reichweite ist – ganz zu schweigen von der Gemeinde mit 200 Leuten, die ich besuche.

Betrachtet man die Zahlen jedoch aus einem anderen Blickwinkel, dann wird die Aufgabe wesentlich einfacher. Wir kennen den Teil der Stadt, für den uns der Herr möglicherweise als unseren Anteil, den Missionsbefehl zu erfüllen, verantwortlich macht. Da ein Viertel der Einwohner von Colorado Springs evangelikalen Gemeinden angehören, bleiben also drei Viertel ohne eine solche Gemeinde. Auf jede Person in einer Gemeinde kommen somit nur drei Personen ohne Gemeinde.

Für unsere Gemeinde von 200 Leuten bedeutet das, dass sich unsere Verantwortung für den Missionsbefehl auf 600 Leute beschränkt. Jede Familie müsste also nur drei Haushalte in ihrer Nachbarschaft adoptieren, auf die sie ihr Licht scheinen lässt. Als wir in San Jose in Kalifornien Untersuchungen anstellten, lag das Verhältnis bei 9:1, dies entspricht eher dem Durchschnitt. Entsprechend können Sie das Verhältnis für Ihre Stadt oder Ihre Nachbarschaft bestimmen. Können die 200 Gläubigen in Pastor Kens Gemeinde eine Strategie entwickeln, um über einen gewissen Zeitraum ernsthaft und sehr effektiv das Evangelium vor den 600 Leuten in ihrer Einflusssphäre auszuleben? Kann sich jede Familie verpflichten, für drei oder mehr Haushalte zu beten, sich um sie zu kümmern und ihnen in einem gewissen Maß das Evangelium weiterzugeben?

Wenn man das jetzt auf die ganze Nation überträgt, dann wäre zum Beispiel das Ziel, in zehn Jahren 10 Millionen Leuchthäuser zu errichten, sowohl messbar als auch zeitlich begrenzt – als auch machbar! Wenn wir davon ausgehen, dass evangelikale Christen zehn Prozent der Bevölkerung ausmachen, brauchen wir nur ein Leuchthaus für alle neun Nachbarschaftshaushalte. Als der Herr sagte, sein Joch sei sanft und seine Last sei leicht (vgl. Mt 11,30), schloss diese Verheißung, glaube ich, auch seine Gebote mit ein, unseren Nächsten zu lieben und alle Nationen zu Jüngern zu machen.

4. Das Ziel muss umfassend sein.

Ein umfassendes Ziel bedeutet in unserem Fall, dass tatsächlich die ganze Nation evangelisiert ist, wenn man das Ziel erreicht hat. Viele visionäre Ziele, die für riesige Projekte aufgestellt werden, erreichen zwar wunderbare Ergebnisse, kommen aber nie in die Nähe eines „Abschlusses", den die Leuchthaus-Bewegung so leidenschaftlich anstrebt.

Der Vorläufer der DAWN-Bewegung auf den Philippinen war zum Beispiel das Projekt „Jesus, der einzige Weg". Die Kirche des Landes setzte sich – und übertraf – das Ziel, innerhalb von zweieinhalb Jahren 10 000 evangelistische Bibelgruppen zu etablieren. Da diese Bewegung durch die Missionsgesellschaft initiiert worden war, der ich angehörte, hätte ich über diesen – oberflächlich betrachtet – großartigen Fortschritt eigentlich begeistert sein sollen. Stattdessen war ich deprimiert. Denn als ich die Sache analysierte, erkannte ich klar, dass wir dem eigentlichen Ziel, das Land zu Jüngern zu machen, nicht viel näher waren als vor dieser teuren und aufwendigen Aktion.

In dieser Zeit, als ich etwas mutlos war, zeigte mir der Herr deutlich, dass der Weg, um am direktesten auf das Ziel hinzuarbeiten, die ganze Nation zu Jüngern zu machen, der ist, Jesus Christus in Reichweite eines jeden Philippinen zu „inkarnieren". Das bedeutet, dass in jedem der etwa 50 000 Dörfer und Wohnviertel des Landes eine Versammlung von Gläubigen, *die das Leben Christi voll auslebt,* etabliert werden sollte. Das wäre der direkteste Weg, um ein Land zu Jüngern zu machen.

Ein solches Ziel wie 10 Millionen Leuchthäuser, eines für jede Nachbarschaft in unserem Land, könnte ebenso gut der direkteste Weg sein, Amerika neu zu evangelisieren.

5. Es muss auf harten, exakten Fakten beruhen.

Damit ein Ziel messbar und zeitbegrenzt ist, brauchen wir die Fakten, auf die wir es gründen. Dazu müssen die, die auf diesem Gebiet begabt sind, eine fortwährende Forschung betreiben. Wir haben immer wieder erlebt, dass selbst bei unbekannten Sprechern Leute dann zu einer Konferenz kommen, wenn sie glauben, dass genaue, spezifische Informationen über die Stadt, die Nation und/oder die Kirche präsentiert werden. Das funktioniert auch mit Daten über den 5-km-Radius um Ihre Gemeinde oder mit den Stecknadeln, die jedes Mitglied auf einem Stadtplan lokalisieren.

Als wir zum Beispiel vor einigen Jahren im Silicon Valley Untersuchungen anstellten, kam heraus, dass in diesem Tal der Mega-Gemeinden und 24-stündiger christlicher Radio- und Fernsehstationen sich an einem Sonntagmorgen nur 6,8 Prozent der Gesamtbevölkerung in den diversen protestantischen Kirchen versammelten! Genauer betrachtet, waren es unter den Anglo-Amerikanern 8,6 Prozent, aber nur 4 Prozent unter den restlichen ethnischen Gruppen.

Wir erfuhren, dass unter den 40 Prozent der Bevölkerung, die nicht zu den Anglo-Amerikanern gehörten, die Situation besonders schlecht war. Für die 300 000 Hispano-Amerikaner in diesem Landkreis gab es nur 45 zumeist kleine Gemeinden mit zusammen 3475 Mitgliedern, also kaum 1,2 Prozent. Für 930 Afghanen, 8506 Indianer, 6000 Inder, 566 Osteuropäer, 2320 Äthiopier, 1563 Guamesen, 1608 Hawaiianer, 4000 Iraner und 617 Iraker gab es *überhaupt keine Gemeinden.*

Als wir einer Gruppe von etwa 100 Pastoren aus dieser Gegend diese Untersuchungen vorstellten, wurden sie in ihrem Herzen gepackt wie Nehemia, als er von den Zuständen in Jerusalem hörte. „Schockierend!", rief ein Pastor aus San Jose aus. „Ich war zerschmettert und fiel im Gebet auf mein Angesicht", sagte ein anderer. „Ich hatte keine Ahnung, wie groß das Missionsfeld vor unserer Haustür ist", sagte ein dritter.

Wie Nehemia, der alles riskierte, als er die schlimmen Zustände über seine Heimatstadt herausfand, verpflichteten sich diese Pastoren, ihre durchschnittliche Besucherzahl bis zum Jahr 2000 von 85 000 auf 300 000 zu erhöhen. Nebenbei gesagt, scheiterten sie darin, jedes der zehn Gebote für das Setzen von Zielen zu integrieren. Während also einige Gemeinden und Gemeindeverbände ein ganz gutes Wachstum verzeichneten, wurde das Gesamtziel nicht erreicht.

Ich gehe auf dieses Thema in dem Buch „DAWN 2000" etwas genauer ein, weshalb ich es hier nicht noch einmal darstellen möchte. Aber ich kann der Versuchung nicht widerstehen, einfach ein paar Verse aus den Sprüchen anzuführen:

- *„Pläne scheitern, wo keine Besprechung ist; wo aber viele Ratgeber sind, kommt etwas zustande"* (Spr 15,22). Wahrscheinlich ist es so: Je mehr Ratgeber es gibt, desto mehr Informationen werden bekannt.
- *„Das Herz des Verständigen erwirbt Erkenntnis, und das Ohr der Weisen sucht Erkenntnis"* (Spr 18,15). Neue Ideen zu finden

ist sicherlich ein Aspekt dessen, was man „Forschung" nennen kann.

- *„Jeder Kluge handelt mit Bedacht; ein Tor aber breitet Narrheit aus"* (Spr 13,16). Dazu ist kein Kommentar nötig!
- Und der schärfste von allen: *„Wer Antwort gibt, bevor er zuhört, dem ist es Narrheit und Schande"* (Spr 19,13).

Exakte Daten, statt den normalerweise falschen Schätzungen, sind ein notwendiger Faktor, um Ziele zu setzen, die eine Gruppe von Gläubigen mobilisieren wird. Das Buch von Bob Waymire „Discovering Your City" (Entdecken Sie Ihre Stadt) ist eine ausgezeichnete Hilfe, um die Daten zu erheben, die eine lokale Gemeinde benötigt.[1]

6. Das Ziel muss herausfordernd, aber erreichbar sein.

Wir haben in lokalen Gemeinden und in Gemeindeverbänden, aber auch in den Kirchen ganzer Länder beobachtet, dass zu hoch gesteckte, unpraktische Ziele schlechter sind als überhaupt keine Ziele. Welches Kind wird wohl den Hochsprung probieren, wenn man die Latte auf 2,50 Meter legt? Ebenso gilt aber auch: Wozu ein Ziel, das nicht mehr Einsatz benötigt als den, der schon vorhanden ist?

Ein mehrere Länder umfassendes Beispiel dazu stammt aus Lateinamerika. Im Januar 1999 trafen sich in Miami die Leiter all der vielen Länder dieser Region, die schon an landesweiten Projekten beteiligt waren. Sie hatten ihre nationalen Ziele schon definiert und arbeiteten auch daran, kamen aber zusammen, um ein Ziel für die gesamte Region zu besprechen. Nachdem sie viel überlegt und gebetet hatten, hatten sie den Eindruck, sie sollten sich das Ziel setzen, 500 000 neue Gemeinden bis zum Ende des Jahres 2010 zu gründen.

Auf den ersten Blick erscheint dieses Ziel vielleicht unvernünftig, wenn nicht lächerlich. Allerdings war alles, was diese lateinamerikanischen Kirchen tun mussten, ihre schon erreichte, durchschnittliche jährliche Gemeindegründungsrate von 6,5 Prozent

[1] Waymire, Bob and Townsend, Carl, *Discovering Your City*, verlegt von *Light International*, PO Box 368, Etna, CA 96027.

beizubehalten. Sie mussten einfach an dem dranbleiben, was sie bereits taten.

Das Ziel ist also auf jeden Fall *erreichbar.*

Gleichzeitig ist es natürlich so, dass, je größer eine Bewegung wird, es umso schwieriger wird, eine bestimmte Wachstumsrate beizubehalten. Außerdem weiß man nicht, welche Umstände die Evangelisation und Gemeindegründung in den folgenden Jahren eventuell viel schwieriger werden lassen.

Das Ziel ist deshalb auch sehr *herausfordernd.*

7. Es muss Gottes Ziel sein.

Für mich ist das Setzen von Zielen einfach ein Versuch, zu verstehen, was Gott durch uns eigentlich gerne erreichen würde, wenn wir ihn in der Kirche unseres Landes in den kommenden Jahren einfach machen ließen. Es ist eine geistliche Übung, die Gedanken Gottes zu erkennen und Glauben anzuwenden, ohne den es unmöglich ist, Gott zu gefallen (vgl. Hebr 11,6).

Das Projekt „Challenge 2000" in England ist ein Beispiel dafür, wie dies erreicht werden kann. Nachdem ein Leitungsgremium für die Bewegung ausgewählt worden war, trafen sich die Mitglieder mehrere Tage, um durch Fasten und Gebet herauszufinden, was Gott ihnen über ein landesweites Ziel sagen wollte.

„Schließlich kamen wir zu dem Schluss, wir sollten dem Herrn vertrauen, dass bis zum Ende des Jahrzehnts 20 000 neue Gemeinden entstünden", sagte mir einer ihrer Leiter. „Um zu überprüfen, ob wir vom Herrn gehört hatten, sprachen wir mit niemandem darüber. Auf dem Kongress selbst baten wir dann die verschiedenen denominationellen Gruppen, sie sollten Gott fragen, welche Strategie er für sie habe und welche Glaubensverpflichtungen sie eingehen sollen, d. h. wie viele Gemeinden ihr Gemeindeverband in den nächsten acht Jahren gründen solle."

„Als die denominationellen Strömungen wieder zusammenkamen und Bericht erstatteten, addierten wir ihre individuellen Ziele und fanden heraus, dass es insgesamt etwas über 20 000 waren! An diesem Punkt erkannten wir, dass Gott seinen Beglaubigungsstempel auf die Strategie gedrückt hatte.

8. Wir müssen erreichen, dass man sich die Ziele zu eigen macht.

Strategen weisen darauf hin, dass es grundsätzlich zwei Arten von Zielen gibt: „Unsere Ziele sind gute Ziele; eure Ziele sind schlechte Ziele." Ohne dass man sich Ziele zu eigen macht, passiert nichts.

Vor einigen Jahren setzte sich eine Gruppe dynamischer Missionare auf den Philippinen ein kühnes Ziel für neue Gemeinden innerhalb ihrer großen Denomination. Dann versuchten sie, ihre Gemeinden dazu zu bringen, diese Ziele zu erreichen. Keine Chance! Als das Programm schließlich gescheitert war, brachten sie ihre regionalen philippinischen Leiter zusammen, sehr ähnlich dem obigen Beispiel aus England. Diese trafen sich in getrennten Gruppen, stellten ihre eigenen regionalen Wachstumsziele auf und addierten diese, als das Plenum wieder zusammenkam. Jetzt, da das Gesamtziel ihrer Denomination durch diese Vorgehensweise aufgestellt worden war, gaben die Gemeinden alles, um zu erreichen, was nun zu *ihrem* Ziel geworden war – und sie schafften es!

Bei einem DAWN-Prozess für ein ganzes Land werden die Ziele auf einem Landeskongress festgelegt. Dort wird den Leitern der Kirche die Vision erläutert und in einen sauberen theologischen Kontext gefasst. Es werden ihnen Modelle und Beispiele präsentiert, und am Ende haben sie die Möglichkeit, sich auf ein nationales Ziel zu einigen.

Wenn wir auf diese Weise ein Ziel für Leuchthäuser festlegen, dann, glaube ich, wird es die Zustimmung und die nötige Unterstützung bekommen, um unser Land wirklich neu zu evangelisieren und zu Jüngern zu machen. Ebenso gilt: Sind auf allen Ebenen Gläubige an den Prozessen zur Definition der Ziele beteiligt, dann ist es viel wahrscheinlicher, dass sie sich die Ziele zu eigen machen und dass weitere Teilnehmer mobilisiert werden können, um diese Ziele zu erreichen.

9. Ein dynamischer, leidenschaftlicher Leiter muss es sich auf die Fahnen schreiben.

In der DAWN-Bewegung bezeichnen wir eine solche Person als einen „John Knox". Er ist derjenige, der sich der Sache so hingibt wie John Knox, dessen Eifer in dem Gebet zum Ausdruck kam: „Gib mir meine Nation, oder ich sterbe." Auf unsere Situation übertragen, könnte das bedeuten: „Gib mir zehn Millionen

Leuchthäuser in Amerika, oder ich sterbe." Oder: „Gib meiner Gemeinde hundert Nachbarschaften, oder ich sterbe."

Eine solche Person muss nicht nur die Leidenschaft, sondern auch die nötige Begabung, Erfahrung, Anerkennung und Integrität besitzen. Außerdem benötigt sie gewisse Managementfähigkeiten und muss – ganz wichtig – den Respekt und die Akzeptanz eines Großteils der evangelikalen Leiterschaft und Gemeinden genießen. Letzteres ist deshalb von Bedeutung, weil die Bewegung schnell ins Stocken geraten wird, wenn die Vision nicht von einer Leitungsebene auf die nächste übergeht.

Nachdem einige neue Leiter das oben erwähnte Projekt „Challenge 2000" in England übernommen hatten, war es aus meiner Sicht tragisch, dass sie dieses landesweite Ziel aus verschiedenen Gründen beiseitelegten, von dem die ursprünglichen Leiter den Eindruck gehabt hatten, dass es vom Herrn war und das sie sich zu eigen gemacht hatten. Das unterstreicht für mich die Notwendigkeit eines „Oder-ich-sterbe"-Leiters, der bei der Sache bleibt.

10. Es muss durch ständige Information und Bekräftigung erhalten werden.

Wenn auf einem nationalen Kongress einmal ein Ziel für die ganze Nation aufgestellt worden ist – manchmal, indem die Abgesandten tatsächlich ein verpflichtendes Papier unterzeichnen –, wird es Aufgabe des nationalen Gremiums sein, die Vision am Leben zu erhalten. Dies kann durch fortwährende Forschung, Berichte über Erfolgserlebnisse und Beispiele, verschiedene Veröffentlichungen, regionale oder denominationelle Mini-Kongresse, Radio und Fernsehen sowie beliebige andere Dinge, die sich diese Leute ausdenken können, geschehen.

Dieser zwei- oder dreijährigen Periode sollte dann ein weiterer nationaler Kongress folgen, auf dem gegenwärtige Leiter darüber informiert werden, was bisher gelaufen ist und welche Schwächen und Lücken im Auge behalten werden müssen. Weiterhin sollten sie über den Fortschritt in der Erreichung des nationalen Ziels auf den neuesten Stand gebracht werden und sich schließlich neu verpflichten oder sogar das nationale Ziel optimieren können.

Als Leser können Sie dieselben Prinzipien natürlich auf einer beliebigen anderen Ebene ausarbeiten.

Teile eines Systems

Eine letzte Bemerkung: Es wird eine Versuchung sein, Abkürzungen zu nehmen und einen Teil dieser zehn Punkte auszulassen. Unsere Erfahrung ist jedoch, dass alle zehn wie ein System zusammenwirken. Lässt man einen davon weg, dann gerät das Ganze ins Schwanken oder wird zu einem Fehlschlag. Zusammengenommen können diese Punkte aber zu einer mächtigen Strategie für die Mobilisierung von Gemeinden, Gemeindeverbänden, der Kirche einer Stadt oder der Kirche eines Landes werden.

Ich glaube also, dass ich wahrheitsgemäß sagen kann – und vertraue darauf, dass Sie es verstehen –, dass wir nicht nur eines von Hunderten vorgefertigter Programme präsentieren, die nach gewissen Regeln und einem bestimmten Zeitplan ausgeführt werden müssen. Nein, um es noch auf eine andere Weise auszudrücken: Wir präsentieren Voraussetzungen, die erfahrungsgemäß für jedes erfolgreiche Wachstumsprojekt wesentlich sind. Lässt man eine davon weg, wird es aufgehen oder nicht funktionieren. Was Sie tun, ist letztlich Ihre Sache. Niemand wird zu einem Pastor oder einer Gemeinde gehen und darauf bestehen, etwas gegen die Führung des Heiligen Geistes zu tun, was die einzelne lokale Gemeinde oder die lokalen örtlichen Umstände angeht.

Damit die Strategie eine runde Sache wird, sind natürlich eine gewisse Infrastruktur und gewisse Finanzen nötig; man sollte der Kampagne auch einen Namen geben, verschiedene Gremien aufstellen, ein starkes Gebetsteam beauftragen usw. Sind die Vision und die Ziele erst einmal definiert, dann wird es auf jeder Ebene begabte Leute mit den organisatorischen Fähigkeiten geben, um die Ressourcen zu mobilisieren.

Nimmt man diese zehn Gebote des Zielsetzens zusammen und unterstützt sie mit der richtigen Infrastruktur, erhält man eine dynamische Strategie. Mir ist klar, dass in einigen evangelikalen Kreisen das Wort Strategie entweder seine Bedeutung verloren hat oder dass dagegen rebelliert wird. Nennen Sie es, wie Sie wollen, aber wir müssen etwas dagegen unternehmen, dass 80 Prozent unserer Gemeinden stillstehen oder schrumpfen und dass auch die anderen 20 Prozent nicht unbedingt auf dem richtigen Gleis sind.

Wie definiert man „verrückt"?

Eine Definition von Verrücktheit ist, dasselbe immer weiter zu tun und dabei andere Ergebnisse zu erwarten. Wir können irrsinnigerweise an unserer „Komm"-Mentalität festhalten, in der Hoffnung, dass wir irgendwann die richtige Mischung aus Aktivitäten und Programmen finden, sodass die Unerretteten in unsere Versammlungen strömen. Das funktioniert vielleicht insbesondere bei einigen großen Gemeinden, die die entsprechenden Mitarbeiter, Einrichtungen und finanziellen Möglichkeiten haben, um neue Mitglieder anzuziehen. Diese neuen Mitglieder werden aber weiterhin hauptsächlich aus kleineren Gemeinden kommen, die mit der guten Musik, den außergewöhnlichen Predigten, großen Aufführungen und vielen anderen Angeboten einer Megagemeinde nicht Schritt halten können.

Der Skandal des ungebrochenen Herzens

Legen Sie hier einmal eine kurze Pause ein. Vielen ist klar, dass der Grund, weshalb die Kirche im Westen insgesamt kein Wachstum verzeichnet, der ist, dass wir unseren Eifer und/oder unsere Fähigkeit, auf der persönlichen und Ortsgemeinde-Ebene zu evangelisieren, verloren haben.

Erinnern Sie sich an Bill Hull, der entdeckte, „dass in den heutigen Gemeinden 100 Erwachsene und ein Jahr nötig sind, um 1,7 Leute mit Christus bekannt zu machen. Die alarmierende Tatsache ist, dass 50 Prozent der evangelikalen Gemeinden noch darunter liegen. Die meisten Gemeinden würden erfolgreicher die erreichen, die Christus brauchen, wenn sie ihren Laden zumachen und eine Person anstellen würden, die von Tür zur Tür geht; selbst bei nur 10 Stunden pro Woche."

Die meisten unserer Gemeinden konzentrieren sich auf die Schafe, die schon zur Herde gehören, und möchten, dass sie bessere Jünger werden, bis alle stark genug sind, hinauszugehen und wieder mit der Welt in Kontakt zu treten. Um aber *bessere* Jünger zu werden, müssen wir zum einen diese altmodische Auffassung, die Oswald J. Smith mit „Leidenschaft für Seelen" bezeichnete, zurückgewinnen. Wir müssen zum Herzen der Lehre des Neuen

Testaments zurückkehren, dass Menschen ohne Christus verloren sind, dass Jesus für diese Sünder *starb*, dass Gott nicht will, dass *einer* von ihnen verloren geht (vgl. 2 Petr 3,9). Wahre Jünger Jesu Christi werden die Einstellung von Paulus widerspiegeln, der schrieb: *„Ich habe große Traurigkeit und unaufhörlichen Schmerz in meinem Herzen (für die Verlorenheit meines eigenen Volkes)"* (Röm 9,2). Er brachte das zu einem fast unvorstellbaren Extrem, als er fortfuhr: *„Ich habe gewünscht, verflucht zu sein von Christus weg für meine Brüder"* (Vers 3).

„Es ist genau dieser Skandal eines ungebrochenen Herzens, der heutzutage die Evangelisation verhindert", schreibt David Shibley in „A Force on the Earth" (Eine Kraft auf der Erde). Er stimmt damit in den großen Chor anderer Stimmen ein, wenn er weiter sagt: „Die Ernte ist riesig und bereit, eingebracht zu werden." Da steckt mehr dahinter als nur die Tatsache, dass es in unserem Land viele Menschen ohne Christus gibt. „Ernte" bezieht sich auf die Zeit, wenn das Getreide bereit ist eingeholt zu werden, wenn also immer mehr Menschen bereit sind, sich Christus zuzuwenden. Matthäus 9,37-38 trifft heute genauso zu – vielleicht noch mehr – wie damals, als der Herr vor 2000 Jahren sagte: *Die Ernte ist groß, aber der Arbeiter sind wenige.*

Doppeltes Wagnis

Die Leuchthaus-Bewegung versucht in jeder Nachbarschaft des Landes einen Arbeiter zu finden, der dem Missionsbefehl unseres Herrn gehorcht, unsere Nächsten zu lieben, wie wir uns selbst lieben. Die letzte Zahl, die ich aus den USA gehört habe, ist, dass 500 000 Haushalte für ihre Nachbarn beten. Paul Cedar schrieb, dass wir aber fünf oder zehn Millionen brauchen. Fünf Millionen würden bedeuten, jedes Leuchthaus müsste für Nachbarn in 18 bis 20 Haushalten beten, um die gesamte Bevölkerung abzudecken. Zehn Millionen würden das auf überschaubarere neun bis zehn Haushalte für den verlorenen Zustand meines eigenen Volkes verringern.

Wagen wir es, eine solche landesweite Bewegung wirklich mitzutragen? Wagen wir den Versuch, unsere Gemeinden, Gemeindeverbände, christlichen Werke sowie den Leib Christi unserer

Städte und Nationen um ein Ziel herum zu mobilisieren, das zur Neu-Evangelisierung unserer Länder führen könnte?

Vor mehreren Jahrzehnten kopierte ich ein Zitat von Bill Bright, das ich in meine inzwischen vollständig abgenutzte Bibel klebte und das diese Frage beantwortet:

> Wenn unsere Herzen und Motive rein sind und wir in Übereinstimmung mit dem Wort und Willen Gottes beten, glaube ich fest, dass es nicht möglich ist, Gott um etwas *zu Großes* zu bitten. Erinnern Sie sich daran, dass es ein grundlegendes geistliches Prinzip ist, dass, was auch immer wir uns lebhaft vorstellen, was wir leidenschaftlich ersehnen, ernsthaft glauben und woran wir begeistert arbeiten, Realität werden wird - natürlich unter der Voraussetzung, dass es biblisch begründet ist. Dieses Prinzip ist die Grundlage dafür, dass wir übernatürlich beten.

Wir können diese Frage auch umdrehen: Können wir es uns weiterhin leisten, die Gebote, unseren Nächsten zu lieben und unser Land zu Jüngern zu machen, zu ignorieren? Für die Kirche und für unser Land wäre dies das Allerschlimmste.

> *Ich will euch sagen, weshalb ihr hier seid. Ihr seid hier, um Salzgewürz zu sein, das die Aromen Gottes auf diese Erde bringt. Wenn ihr eure Salzkraft verliert, wie sollen die Leute dann Gott schmecken? Ihr habt dann euren Sinn verloren und werdet im Müll landen.*
> *Man kann es auch so sagen: Ihr seid hier, um Licht zu sein, das die göttlichen Farben der Welt zum Vorschein bringt. Gott ist kein zu behütendes Geheimnis. Wir werden das an die Öffentlichkeit bringen, so öffentlich wie eine Stadt auf einem Berg. Wenn ich euch zu Lichtträgern mache, dann denkt ihr sicher nicht, dass ich euch unter einen Eimer stelle, nicht wahr? Ich stelle euch auf einen Leuchter. Nun, da ich euch auf eine Bergspitze, auf einen Leuchter gestellt habe, scheint! Haltet euer Haus offen; seid großzügig mit eurem Leben. Indem ihr euch anderen öffnet, werdet ihr Menschen dazu veranlassen, sich Gott zu öffnen, diesem großzügigen Vater im Himmel.*

Matthäus 5,13-16; direkt übersetzt von „The Message"

Nachwort

Im eigentlichen Sinne sind Leuchthäuser natürlich keine neue Idee. Jesus lehrte in der Bergpredigt sehr klar über den Leuchthaus-Gedanken (vgl. Mt 5,14-16). In diesem Zusammenhang sagte er, es gebe grundsätzlich zwei Möglichkeiten, was wir mit seinem Licht anstellen könnten. Die erste, die er sich von uns nicht wünscht, wäre, es zu verstecken.

Er sprach von einer Stadt auf einem Berg, die große Schwierigkeiten hat, ihr Licht zu verbergen. Und dann warnte uns Jesus, wir sollten unsere Lichter nicht „unter einen Scheffel oder einen Eimer" stellen.

Das zu tun, wäre sehr dumm. Leider ist aber genau das in den USA und dem Großteil der westlichen Welt passiert. Umfragen zufolge bekennen z. B. mindestens 50 Prozent der Amerikaner, zu einem bestimmten Zeitpunkt in ihrem Leben eine „persönliche Hingabe an Jesus Christus" vollzogen zu haben. Trotzdem scheint die geistliche Dunkelheit in unserer Kultur zuzunehmen. Das Licht Jesu scheint oft sehr undeutlich zu sein und in manchen Nachbarschaften, Büros und Schulen sogar ganz zu fehlen.

Demgegenüber sagt Jesus, die zweite Sache, die wir mit seinem Licht tun könnten, sei, es leuchten zu lassen. Wie Sie wissen, sagte Jesus: *„Ich bin das Licht der Welt."* Er fährt fort: *„Wer mir nachfolgt, wird nicht in der Finsternis wandeln, sondern wird das Licht des Lebens haben"* (Joh 8,12).

Jesus ist die Quelle des wahren geistlichen Lichts. Im ersten Kapitel des Johannesevangeliums wird Jesus folgendermaßen beschrieben: *„In ihm war Leben, und das Leben war das Licht der Menschen"* (Joh 1,4). Später, im selben Kapitel, bezeichnete Johannes Jesus als das „wahre Licht" (vgl. Joh 1,9).

Dass Jesus Christus das „Licht der Welt", das „Licht der Menschen" und das „wahre Licht" ist, ist eine wunderbare Nachricht. Johannes offenbarte allerdings auch eine große Herausforderung, als er schrieb: *„Und das Licht scheint in der Finsternis, und die Finsternis hat es nicht erfasst"* (Joh 1,5).

Der Apostel Paulus weitete diese Herausforderung noch aus. Er schrieb: *„Der Gott dieser Welt hat den Ungläubigen den Sinn verblendet, damit sie den Lichtglanz des Evangeliums von der Herrlichkeit des Christus, der Gottes Bild ist, nicht sehen"* (2 Kor 4,4).

Aus diesem Grund sind Leuchthäuser und die Leuchthaus-Bewegung so wichtig!

Wahre Christen sind Menschen des Lichts! Jesus erklärte ja in der Bergpredigt seinen Jüngern: *„Ihr seid das Licht der Welt"* (Mt 5,14). Paulus erläuterte diese Wahrheit folgendermaßen: *„Denn Gott, der gesagt hat: Aus Finsternis soll Licht leuchten! er [ist es], der in unseren Herzen aufgeleuchtet ist zum Lichtglanz der Erkenntnis der Herrlichkeit Gottes im Angesicht Jesu Christi"* (2 Kor 4,6).

Paulus fährt fort und versichert: *„Wir haben aber diesen Schatz in irdenen Gefäßen, damit die überragende Größe der Kraft von Gott sei und nicht aus uns"* (2 Kor 4,7).

Das ist der Schlüssel dafür, dass Christen Leuchthäuser sind!

Zusammengefasst lautet diese unglaubliche Wahrheit über das Licht so: Jesus ist das Licht der Welt. Er ist gekommen, um sein Licht in eine Welt geistlicher Dunkelheit zu bringen – aber ein Großteil der Welt hat sein Licht nie gesehen. Der Gott dieser Weltzeit hat ihre Augen verblendet, sodass sie das Licht nicht erkennen können, wenn nicht einige geistliche Dinge geschehen.

Für die meisten von uns, die diese Zeilen lesen, ist dies keine hypothetische oder theoretische Aussage. Wir haben es in unserem eigenen Leben erfahren. Meine Frau Jeannie und ich genossen einmal ein Abendessen mit einem wunderbaren Ehepaar, das eine Schlüsselrolle in der Leitung der Leuchthaus-Bewegung spielt.

Sie erzählten uns die erfreuliche Geschichte, wie sie Jesus Christus kennen und lieben lernten. Beide wuchsen in der Kirche auf. Als Erwachsene wurden sie Leiter in ihren örtlichen Gemeinden. Bob gehörte der offiziellen Kirchenleitung an und war für die Sonntagsschule verantwortlich. Mary spielte in der Frauenarbeit ihrer eigenen Gemeinde und auch regional in ihrem Gemeindeverband eine wichtige Rolle.

Sie waren „religiöse Leute" und sogar „Kirchenleute", aber sie kannten Jesus Christus nicht persönlich. Sie hatten ihn nie als „das Licht der Welt" erkannt, bis sie eines Tages das Licht Jesu sahen, ihre Sünden bekannten und ihn als Herrn und Heiland aufnahmen. Christus veränderte auf wunderbare und radikale Weise ihr Leben!

Jeder von uns, der Jesus nachfolgt, kann ähnliche Geschichten erzählen. Manche von uns hatten dramatische Bekehrungen wie Saulus auf der Straße nach Damaskus, als er das Licht Jesu Christi sah. Andere kamen auf weniger dramatische Weise dazu, Jesus als Retter aufzunehmen und ihm als Herrn zu folgen.

Können Sie sich daran erinnern, wie Sie zum ersten Mal „das Licht" unseres Herrn Jesus Christus „sahen"? Ich kann es. Ich werde diesen Tag solange ich lebe nie vergessen. Meine gottesfürchtigen Eltern und andere Christen hatten jahrelang für mich gebetet. Sie hatten sich um mich gekümmert und mir die Liebe und Gnade Christi auf vielfältige Weise weitergegeben.

Eines Abends dann, während bei einer Jugendevangelisation ein Mann Gottes das Evangelium predigte, „ging das Licht an". Zum ersten Mal sah ich das Licht Jesu Christi und verstand die Botschaft des Evangeliums. Ich kehrte von meinen Sünden um und wandte mich an diesem Abend im Glauben Christus zu. Es war der Wendepunkt meines Lebens. Seither bin ich nicht mehr derselbe.

„Das Licht Jesu sehen" hat mit einem wunderbaren Geheimnis zu tun. Wir wissen, dass Gott das Licht Jesu Christi auf klare Weise in die geistlichen Augen und Herzen eines jeden Menschen hineinstrahlen könnte. Er könnte einfach sein Heil für alle Menschen verkünden und sein Licht und seine Rettung allen Menschen „aufzwingen".

Aber unser Herr wirkt nicht auf diese Weise. Er zwingt niemand seinen Weg auf. Er liebt und klopft und umwirbt und zieht – aber er verletzt niemand.

Jesus sprach über dieses wundervolle Geheimnis, als er erklärte: *„Niemand kann zu mir kommen, wenn nicht der Vater, der mich gesandt hat, ihn zieht"* (Joh 6,44).

Später, als er seine Jünger über den Dienst des Heiligen Geistes unterwies, sagte Jesus: *„Und wenn er (der Heilige Geist) gekommen ist, wird er die Welt überführen von Sünde und von Gerechtigkeit und von Gericht"* (Joh 16,8).

Paulus teilte Timotheus dieselbe Wahrheit folgendermaßen mit: *„Ein Knecht des Herrn aber soll nicht streiten, sondern gegen alle milde sein, lehrfähig, duldsam, und die Widersacher in Sanftmut zurechtweisen, ob ihnen Gott nicht etwa Buße gebe zur Erkenntnis der Wahrheit und sie wieder aus dem Fallstrick des Teufels heraus nüchtern werden, da sie von ihm für seinen Willen gefangen worden sind"* (2 Tim 2,24-26).

Gott hat sich dafür entschieden, seine Nachfolger in diesem wichtigen Dienst zu gebrauchen, um sein Licht denen zu offenbaren, die verloren sind und in geistlicher Dunkelheit leben. Genau das lehrte Jesus in der Bergpredigt: *„So soll euer Licht leuchten vor den Menschen, damit sie eure guten Werke sehen und euren Vater, der in den Himmeln ist, verherrlichen"* (Mt 5,16).

Dann ging Jesus auf die Folgen ein, wenn wir auf diese Weise die „Lichtaktivität weitergeben". Wenn wir unser Licht leuchten ließen, sagte er, würden andere „unsere guten Taten sehen und unseren Vater im Himmel verherrlichen". Mit anderen Worten: Leuchthäuser werden eine Quelle des Segens für die Menschen in unserer Umgebung sein und Gott Ehre und Lob bringen!

Ich kann persönlich bezeugen, dass es wunderbar ist, in einer solchen Nachbarschaft zu wohnen bzw. diese Art von Schule zu besuchen oder in einem solchen Büro zu arbeiten!

Noch einmal: Darum geht es bei der Leuchthaus-Bewegung!

Paul Cedar
Vorsitzender der Leuchthaus-Bewegung von Mission America

Zum Autor

Dr. James H. Montgomery ist Gründer der weltweiten DAWN-Bewegung. Er hat Konzepte und Strategien entwickelt, wie, entsprechend der Bedeutung von DAWN („Discipling A Whole Nation"), ein ganzes Volk zu Jüngern gemacht werden kann. Diese Strategien werden inzwischen in über 150 Ländern eingesetzt. Er starb im Oktober 2006.

Weitere Informationen zum Thema

1. Auf dem Internet:

- www.lighthousemovement.com (Amerik. Lighthouse-Bewegung)
- www.leuchthaus.info

2. Kurzfassung

Parallel zu dieser Neuauflage wird eine Kurzfassung dieses Buches unter dem Titel „Ich lasse mein Licht leuchten" herauskommen, in der hauptsächlich auf die praktischen Aspekte und weniger auf die globale Vision eingegangen wird.

Weitere Produkte von GloryWorld-Medien

„Kirche nach dem Herzen Gottes"

Neil Cole, Organische Gemeinde

Wenn sich das Reich Gottes ganz natürlich ausbreitet

288 Seiten, gebunden

Wie wäre es, wenn Gemeinden auf organische Weise entstünden, wie kleine geistliche Familien, aus dem Boden der Verlorenheit geboren, weil hier der Same Gottes ausgesät wurde? Genau dies erlebte Neil Cole, nachdem er anfing umzusetzen, was Jesus selbst zum Thema Gemeinde lehrte.

Innerhalb von sechs Jahren entstanden 800 Gemeinden in 32 Ländern. In diesem Buch fasst er seine Erkenntnisse zusammen: Welche Sicht hatte Jesus selbst von der Gemeinde? Die organische Natur des Reiches Gottes / Der genetische Aufbau des Leibes Christi / Jesu Strategie, sein Reich auszubreiten / Unsere hohe Berufung, an Gottes Plan mitzuwirken.

Larry Crabb, Orte der Geborgenheit und Heilung

Auf dem Weg zu authentischen geistlichen Gemeinschaften

280 S.; Paperback

In diesem bahnbrechenden Buch stellt uns Larry Crabb ein inspirierendes Bild vor Augen, was Kirche bzw. Gemeinde, ja auch jede Ehe, Familie und Kleingruppe eigentlich sein könnte: eine echte geistliche Gemeinschaft – ein Ort, an dem nicht erwartet wird, dass man schon eine gewisse Perfektion erreicht hat, sondern an dem Menschen sich miteinander auf den Weg zu Gott machen, ein Ort, an dem Gott Menschen heilen kann und an dem sie wieder miteinander in Verbindung kommen und letztlich auch mit ihm.

Felicity Dale, Armee der Liebe

Wie Jesus heute mit einfachen Leuten seine Gemeinde baut

260 S., Paperback

Im ersten Jahrhundert waren es einfache Leute, die Jesus gebrauchte, um seine Gemeinde zu bauen. Die Begegnung mit ihm hatte sie verwandelt, und nun ließen sie sich senden, die Werke Jesu zu tun und die damalige Welt auf den Kopf zu stellen.

Auch heute beauftragt Jesus weltweit wieder ganz normale Menschen, einfache Gemeinden zu gründen. Dieses Buch erzählt die wahren Geschichten etlicher solcher Leute und leitet daraus Grundprinzipien ab, die für die Gründung und Praxis einfacher Gemeinden von Bedeutung sind.

Larry Kreider

Authentisches geistliches Mentoring

Anderen helfen, im Glauben zu reifen

240 Seiten, Paperback

Es ist kein Geheimnis, dass es einen großen Bedarf an geistlichen Vätern und Müttern gibt, die Mentoren für jüngere Christen sein können, um diese für ihr Leben und ihre Berufung zuzurüsten. Mit diesem praktischen Handbuch gibt uns Larry Kreider bewährte biblische Prinzipien an die Hand, sodass Mentor-Beziehungen gelingen.

Ob Sie einen geistlichen Mentor suchen oder einer werden wollen – dieses Buch ist gleichermaßen für Sie geeignet!

Mike & Sue Dowgiewicz

Zeiten der Wiederherstellung

Fundamente für ein authentisches Christsein

320 Seiten, gebunden

Wie können wir die Vertrautheit und Vollmacht der ersten Christen zurückgewinnen? Dieses Buch lädt zu einer Entdeckungsreise ein. Sie lernen die Charakteristiken des urgemeindlichen, noch hebräisch geprägten Lebensstils kennen, aber auch die Fehlentwicklungen der frühen Kirche. Im Wesentlichen bietet es aber eine Orientierung auf dem Weg zu geistlicher Erneuerung.

Michele Perry, Liebe hat ein Gesicht

Abenteuer mit Jesus im Krisengebiet des Sudan – auf einem Bein!

Vorwort von Heidi Baker; 220 S., Paperback

Ohne linke Hüfte und linkes Bein geboren, ist es für Michele Perry „normal", das Unmögliche zu erleben. Als Gott ihr den Auftrag gab, in den vom Krieg verwüsteten südlichen Sudan zu gehen und dort ein Waisenhaus zu eröffnen, hielten sie alle für verrückt.

Aber sie erlebte Gottes Treue wie nie zuvor: Er führte sie in einen entspannten Lebensstil des Geliebtseins hinein, in dem alles möglich wird und Wunder zum Alltag gehören, ob es um seelische oder körperliche Krankheiten, mangelnde Ressourcen, Bedrohungen durch Kriminelle oder ihre eigenen Unzulänglichkeiten geht.

Bestellen Sie im Buchhandel oder direkt bei:

GloryWorld-Medien | Postfach 4170 | D-76625 Bruchsal
Fon: 07257-903396 | Fax: 07257-903398 | info@gloryworld.de

Aktuelles, Leseproben, Downloads & Shop: **www.gloryworld.de**